Leitlinien kirchlichen Lebens

der Vereinigten Evangelisch-Lutherischen
Kirche Deutschlands (VELKD)

Handreichung für eine
kirchliche Lebensordnung

Ausgabe für die Evangelisch-Lutherische
Kirche in Bayern (ELKB)

Evangelisch-Lutherische
Kirche in Bayern

Gütersloher Verlagshaus

velkd

Bibliografische Information Der Deutschen Bibliothek
Die Deutsche Bibliothek verzeichnet diese Publikation in der Deutschen National-
bibliografie; detaillierte bibliografische Daten sind im Internet über http://dnb.ddb.de
abrufbar.

ISBN 3-579-05526-7
© Gütersloher Verlagshaus GmbH, Gütersloh 2003

Umschlagentwurf: Init GmbH, unter Verwendung von vier Fotos (von oben nach
unten): © epd-bild/Nicola O'Sullivan, Frankfurt/M.; © Zefa/Index Stock, Düssel-
dorf; © Norbert Dennerlein, Seelze; © Peter Wirtz, Dormagen.
Satz: Katja Rediske, Landesbergen
Druck und Bindung: Clausen & Bosse, Leck
Printed in Germany

www.gtvh.de

Inhalt

Vorwort des Landesbischofs der Evangelisch-Lutherischen Kirche in Bayern

Nach 50 Jahren lösen die »Leitlinien kirchlichen Lebens« die bislang für die Gliedkirchen der VELKD gültige »Ordnung des kirchlichen Lebens« ab. Diese Überarbeitung war dringend nötig geworden, weil sich sowohl die Kirche als auch die Gesellschaft in dem vergangenen halben Jahrhundert gewaltig verändert haben. Zwar sind die Grundpfeiler der christlichen Verkündigung die gleichen geblieben, nicht aber die Situation, in die hinein sie gesprochen werden. So bin ich dankbar, dass es in einem über zehn Jahre währenden Prozess gelungen ist, die »Ordnung des kirchlichen Lebens« in eine zeitgemäße Gestalt zu überführen. Allen Menschen, Gremien und Institutionen, die daran beteiligt waren, gilt mein herzlicher Dank für ihre erfolgreiche Arbeit.

Innerhalb unserer Landeskirche haben die neuen Leitlinien insgesamt drei Stellungnahmeverfahren durchlaufen. Nach diesen eingehenden Beratungen hat die Synode der Evangelisch-Lutherischen Kirche in Bayern auf ihrer Tagung vom 21.-25. November 2004 in Amberg schließlich die Übernahme der Leitlinien auch für unsere Landeskirche mit großer Mehrheit beschlossen.

Zu manchen Themenfeldern, die in den Leitlinien angesprochen sind, hat unsere Synode bereits in den vergangenen Jahren weiterführende Stellungnahmen oder Gesetze verabschiedet. Wo dies der Fall ist, wird in dieser Ausgabe der Leitlinien in einer Fußnote auf den entsprechenden Text verwiesen. Sofern er nicht ohnehin in der Rechtssammlung der Evangelisch-Lutherischen Kirche in Bayern enthalten ist, finden Sie ihn im Anhang der Leitlinien ganz oder in Auszügen abgedruckt.

Die Christinnen und Christen, denen die Leitlinien dienen sollen, sind ebenso unterschiedlich wie die Umstände, in denen sie sich befinden. Daher können viele der in den Leitlinien aufgegriffenen Fragen nicht pauschal, sondern nur von Fall zu Fall angemessen gelöst werden. Dem entspricht, dass es sich bei den Leitlinien um eine Handreichung, nicht aber um ein Gesetz handelt. Nur an wenigen Punkten wurden Regelungen aufgegriffen und im Anwendungsgesetz zu den Leitlinien kirchlichen Lebens festgehalten. Auch dieses finden Sie im Anhang abgedruckt.

Durch den Anhang konnten die Besonderheiten aufgenommen werden, die in der bayerischen Landeskirche gelten, ohne die gemeinsame Basis der VELKD – die sich in der Arbeit an den Leitlinien bewährt hat – zu verlassen. Dafür bin ich dankbar. Möge dieses Buch den Leserinnen und Lesern Orientierung in Fragen der Lebensführung, Hilfe in Konfliktfällen und Transparenz kirchlichen Handelns ermöglichen.

München, im Advent 2004   *Dr. Johannes Friedrich*
                                            Landesbischof der Evang.-Luth.
                                            Kirche in Bayern

Vorwort des Leitenden Bischofs der Vereinigten Evangelisch-Lutherischen Kirche Deutschlands

Luthers berühmte Freiheitsschrift beginnt mit der bekannten Doppelthese:»Ein Christenmensch ist ein freier Herr über alle Dinge und niemandem untertan. Ein Christenmensch ist ein dienstbarer Knecht aller Dinge und jedermann untertan.« Das lutherische Verständnis von Freiheit schließt die Bereitschaft ein, »sich doch willig zu einem Diener [zu] machen, seinem Nächsten zu helfen, mit ihm [zu] verfahren und [zu] handeln, wie Gott mit ihm durch Christus gehandelt hat«[1]. Von diesem Ausgangspunkt her ist es zu verstehen, wenn eine lutherische Gemeinde sich in aller Freiheit Leitlinien dafür gibt, wie das Miteinander innerhalb der Gemeinde zu regeln ist. Denn die Freiheit darf sich nicht dem Missverständnis aussetzen, zu chaotischen Zuständen zu führen. Mangelnde Klarheit begünstigt unnötige Konflikte. Mangelnde Klarheit macht es den von außen Kommenden schwer zu erkennen, worum es in der Gemeinde Jesu Christi geht. Nach einem langen und gründlichen Prozess haben Generalsynode und Bischofskonferenz der VELKD im Oktober 2002 in Bamberg die »Leitlinien der Vereinigten Evangelisch-Lutherischen Kirche Deutschlands« verabschiedet. Der Text der »Leitlinien« nimmt frühere Bemühungen auf und führt sie in charakteristischer Weise weiter.

Diese »Leitlinien« sollen die »Ordnung des kirchlichen Lebens« der Vereinigten Kirche ersetzen, die im Jahre 1955 in Kraft getreten ist. Diese »Ordnung des kirchlichen Lebens« war unter Berücksichtigung ihrer Zeit verfasst und später modifiziert worden.

Seither hat sich in unserer Kirche und unserer Gesellschaft vieles verändert. Bereits seit längerer Zeit war deutlich, dass die

---

1. Martin Luther, Von der Freiheit eines Christenmenschen 1520, zit. nach: Ausgewählte Schriften, hg. v. K. Bornkamm und G. Ebeling 1982, Bd. 1, S. 259.

»Ordnung kirchlichen Lebens« einer grundlegenden Revision
bedarf. Deshalb hat die Kirchenleitung der Vereinigten Kirche
im Jahr 1993 eine Arbeitsgruppe berufen, die eine Neuformulie-
rung der »Ordnung kirchlichen Lebens« entwerfen sollte. Im
April 1997 konnte ein solcher Entwurf unter dem Titel »Leitlini-
en kirchlichen Lebens der Vereinigten Evangelisch-Lutherischen
Kirche Deutschlands« vorgelegt werden, der in den Gemeinden
und Einrichtungen der Gliedkirchen intensiv diskutiert worden
ist. Die Stellungnahmen der Kirchen führten dazu, dass ein erster Redaktionsausschuss den gesamten Text unter Berücksichtigung der Rückmeldungen noch einmal sehr gründlich überar-
beitet, im Grunde neu formuliert hat. Diese Arbeit geschah in
Fühlungnahme mit der Evangelischen Kirche der Union (EKU)
und deren »Ordnung des kirchlichen Lebens«. Daher sind beide
Werke sachlich weitgehend vereinbar. Der schließlich vorgeleg-
te Entwurf ist von der Kirchenleitung im Sommer 2001 den Gliedkirchen für eine neuerliche Stellungnahme übergeben worden.

Zu unserer großen Freude hat daraufhin auf unterschied-
lichsten Ebenen ein breiter Meinungsfindungsprozess eingesetzt.
Zahlreiche Geistliche und Mitglieder von Kirchenvorständen,
aber auch Privatpersonen haben ihren Dank darüber zum Ausdruck gebracht, nun ein Werk vorliegen zu haben, aus dem sie
für ihren Alltag des kirchlichen Lebens Orientierung und Impulse erhalten können. Ein von der Kirchenleitung berufener neuer
Redaktionsausschuss, dem Mitglieder des bisherigen Ausschusses und der Generalsynode sowie vom Lutherischen Kirchenamt
Oberkirchenrat Dr. Klaus Grünwaldt angehörten, haben unter der
Geschäftsführung von Oberkirchenrat Dr. Norbert Dennerlein
in intensiver Arbeit und auf verantwortliche Weise die zahlrei-
chen Stellungnahmen berücksichtigt. Der überarbeitete Entwurf
wurde im September 2002 von der Kirchenleitung der Generalsynode und Bischofskonferenz übergeben. Die Synodalen der
Generalsynode und die Mitglieder der Bischofskonferenz haben
diesen Entwurf mit überwältigender Mehrheit gewürdigt. Im
Namen der Vereinigten Kirche danke ich den Mitgliedern der
Arbeitsgruppe und der Redaktionsausschüsse für ihre intensive
und gelungene Arbeit.

Die »Leitlinien« stellen für die Gliedkirchen der VELKD einen Handlungs- und Orientierungsrahmen dar. Die Gliedkirchen entscheiden in einem Rezeptionsverfahren selbst, was sie aus den »Leitlinien« übernehmen und welchen rechtlichen Status sie dem geben möchten.

Ich übergebe die »Leitlinien« der Öffentlichkeit mit dem Wunsch, dass dieser Text Fragende informiert, in Streitfällen zur Versachlichung beiträgt, kirchliches Handeln nach seinen Gründen verdeutlicht und auf diese Weise zum Nachdenken und zur Orientierung beiträgt.

Hannover, im Advent 2002   *Dr. Hans Christian Knuth*
                                            Leitender Bischof der VELKD

Einführung

I. Zu Geschichte und rechtlichem Status der Leitlinien

Christliche Glaubensüberzeugungen deuten auf biblischer Grundlage die Wirklichkeit der Welt. Die Leitlinien kirchlichen Lebens sollen auf dem Hintergrund dieser Deutung Entscheidungshilfen für christliches Handeln und für die Praxis der Kirche geben. Sie können das immer nur für die jeweilige Gegenwart tun. In diesem Bewusstsein ist auch die »Ordnung des kirchlichen Lebens der VELKD« von 1955 abgefasst worden. Der Gegenwartsbezug bringt es mit sich, dass jeder derartige Versuch geprägt ist von den soziokulturellen und rechtlichen Gegebenheiten seiner Zeit. Inzwischen hat sich in Kirche und Gesellschaft vieles so grundlegend verändert, dass eine Neufassung der Lebensordnung notwendig geworden ist.

Eine Neufassung ist mehr als die Summe sprachlicher Veränderungen. Das Verständnis von Ordnung hat sich gewandelt. Es ist gegenwärtig umstritten, welche Funktion eine Lebensordnung haben kann. So wird in den Gliedkirchen der Bedarf an Ordnungen sowie deren Verbindlichkeit unterschiedlich eingeschätzt. Dementsprechend unterscheiden sich die Erwartungen an die Neufassung der Lebensordnung beträchtlich voneinander. Manche möchten ihren Ordnungscharakter stärker betont sehen, andere sind eher an Argumenten für Verständigungsprozesse interessiert. Wieder andere stellen den Sinn einer solchen Ordnung überhaupt in Frage.

Trotz der unterschiedlichen Lage in den Gliedkirchen ist ein gemeinsamer Text sinnvoll. Gerade die unterschiedlichen Akzentsetzungen lassen es hilfreich erscheinen, einen Gesamtzusammenhang zu formulieren, der theologische und rechtliche Aspekte kirchlichen Lebens miteinander zu vermitteln sucht. Ohne theologischen Hintergrund kommt das kirchliche Recht nicht aus, und umgekehrt ist das konkrete gemeinsame Leben des Glaubens in der Kirche auf einen Rahmen rechtlicher Regelungen angewiesen. In der pluralistischer gewordenen Welt müssen bei einem solchen Vermittlungsversuch einsichtige Begründungen und Hilfen zur Wahrnehmung von Verantwortung eine größere Rolle spielen als noch vor wenigen Jahrzehnten. Diese veränderte Gesamtlage macht eine situationsgemäße Handhabung von Ordnungen nötig. Dem trägt der neue Titel »Leitlinien kirchlichen Lebens« Rechnung. Der Untertitel »Kirchliche Lebensordnung« knüpft dabei an eine in der Verfassung der VELKD beschriebene Aufgabenstellung an.

Aufgrund ihrer unterschiedlichen Situation können die Gliedkirchen den nachfolgenden Text, auch hinsichtlich seines rechtlichen Status, je nach ihren spezifischen Erfordernissen rezipieren. Dabei dient die »Wahrnehmung der Situation« dazu, eigene Analysen zu überprüfen und gegebenenfalls zu ergänzen. »Biblische Grundlagen und theologische Orientierung« stellen die entscheidenden Kriterien der lutherischen Urteilsfindung heraus. Für rechtliche Folgerungen wird in den »Regelungen« ein Rahmen vorgegeben. Die Gliedkirchen müssen deshalb selbst entscheiden, welche Verbindlichkeit die Leitlinien in ihrem Bereich haben sollen. Die Wechselbeziehung zwischen Rahmenordnung und gliedkirchlicher Situation wird besonders bei der praktischen Anwendung zu beachten sein: Die gliedkirchlichen Bestimmungen zu den Amtshandlungen oder Fragen der Lebensführung sind verbindlich und deshalb immer mit heranzuziehen.

II. Aufbau und innere Logik der Leitlinien

Die Leitlinien stellen solche Handlungsfelder in den Vordergrund, die für das gemeinschaftliche Leben von Christinnen und Christen von besonderer Bedeutung sind. Sie bieten jedoch weder eine vollständige Lehre von der Kirche noch eine vollständige Ethik.

Vorangestellt wird eine Grundlegung, die das Selbstverständnis evangelisch-lutherischer Kirchen und den Sinn und Zweck des vorliegenden Dokuments entfaltet. *Teil A* stellt Wort und Sakrament unter den Überschriften Gottesdienst, Taufe und Abendmahl als die konstitutiven Grundformen gottesdienstlichen

Lebens dar. *Teil B* behandelt die Kasualien Konfirmation, Trauung und Beerdigung sowie die dazu gehörenden Lebensbereiche. *Teil C* beschreibt die institutionellen Rahmenbedingungen des kirchlichen Lebens für die Mitgliedschaft, die Formen der Mitarbeit und für das wirtschaftliche Handeln. In *Teil D* sind mit Seelsorge, Diakonie, Mission, Öffentlichkeitsarbeit und gesellschaftlicher Verantwortung weitere Dimensionen kirchlicher Arbeit zusammengefasst. So ergibt sich ein strukturiertes Gesamtbild kirchlichen Lebens.

Jeder der Unterabschnitte ist dreifach gegliedert:
– Wahrnehmung der Situation
– Biblische Grundlagen und theologische Orientierung
– Regelungen.

Hinter diesem Aufbau stehen folgende Überlegungen:
a) Jede Norm stellt einen Konsens darüber dar, was in einer bestimmten Zeit verbindlich sein soll. Sie überzeugt nur dann, wenn sie in Kenntnis der tatsächlichen Situation formuliert worden ist. Dabei ist nicht eine neutrale oder gar vollständige Situationsanalyse beabsichtigt, sondern die Wirklichkeit wird aus einer vom christlichen Glauben geprägten Perspektive wahrgenommen.
b) Die Grundlage für die Ausbildung normativer Sätze in der Kirche ist das biblische Zeugnis. Es genügt jedoch nicht, auf beliebige, aus dem Zusammenhang gerissene Bibelzitate zu verweisen. Vielmehr ist der Sinn der biblischen Einzelaussagen aus ihrem jeweiligen Zusammenhang zu bestimmen und die Differenz zwischen der sich in ihnen spiegelnden geistigen und gesellschaftlichen Situation ihrer Entstehungszeit und der Gegenwart zu beachten. Dabei ist die reformatorische Perspektive, aus der die lutherische Kirche den Gesamtsinn der Schrift in ihren Bekenntnisschriften interpretiert, maßgeblich.
c) Wenn diese beiden Gesichtspunkte beachtet und auf dieser Grundlage Normen entwickelt worden sind, entsteht konkrete Verbindlichkeit, die es erlaubt, Regelungen zu formulieren. Dabei entspricht es der Vermittlungsfunktion der Leitlinien zwischen kirchlichen Gesetzestexten und theologischem Deutungshorizont, dass diese Regelungen teils Rechtscharakter haben, teils Impul-

se und Perspektiven für Lebensgestaltung und Leitungshandeln der Kirche sind.

Die im Regelungsteil angeführten Rechtssätze berücksichtigen für die VELKD-Gliedkirchen verbindliches Recht oder verweisen auf bereits von den Gliedkirchen beschlossenes anwendbares Recht der EKD, wie z. B. beim Mitgliedschaftsrecht und Datenschutz. Darüber hinaus gelten gliedkirchliche Gesetze, Rechtsverordnungen und Richtlinien. Diese können die Gliedkirchen an den entsprechenden Stellen jeweils anfügen.

Bei einigen Punkten, wie z. B. Segnungen gleichgeschlechtlicher Lebenspartner gibt es noch keine gemeinsame Normsetzung. Hier muss zunächst die theologische und ethische Auseinandersetzung fortgeführt werden. Deshalb haben die Leitlinien an solchen Stellen auf eine allgemein verbindliche Regelung verzichtet.

III. Funktion der Leitlinien

Die Leitlinien beschreiben den Rahmen, in dem die Einzelregelungen in den Gliedkirchen stehen. Für unterschiedliche Formulierungen, die aus ihrer jeweils besonderen Situation erwachsen, ist damit eine erhebliche Variationsbreite gegeben; es muss freilich eine gemeinsame Grundauffassung erkennbar werden, damit eine möglichst einheitliche Handlungsweise und insofern die Verlässlichkeit kirchlichen Handelns gewährleistet ist.

Indem die Leitlinien über ihre Argumentationsweise Auskunft geben, helfen sie den Verantwortlichen in den Gemeinden, die kirchliche Praxis und deren handlungsleitende Motive verständlich und plausibel zu machen und ernsthaft auf die jeweilige Situation einzugehen. Das ist für die Akzeptanz von Normen und Regelungen heute unverzichtbar.

Darüber hinaus können die Leitlinien alle Interessierten über die gegenwärtige Situation der Kirche in der Gesellschaft, die biblisch-reformatorische Begründung der in der Kirche heute geltenden Normen und die sich daraus ergebenden Regelungen hinsichtlich der wichtigsten kirchlichen Handlungsfelder informieren.

Grundlegung: Gemeinschaft der Gläubigen und Ordnung kirchlichen Lebens

Die Kirche und ihr Auftrag

Gemeinschaft der Gläubigen im Neuen Testament

In der Bibel wird Israel als Volk Gottes angesprochen: Gott befreit die Israeliten aus der Sklaverei in Ägypten; am Sinai schließt er seinen Bund mit ihnen (Ex 19,5-8; 24,1-11f.). Gott gibt Schutz und Fürsorge; er erwartet die Einhaltung seiner Gebote. Sie regeln die Beziehung von Gott und Mensch und der Menschen untereinander. In der Botschaft der Propheten liegt besonderes Gewicht auf dem Schutz der Schwachen, der Armen und Fremden (Ex 22,20-26; Lev 19,9f.33f.; Dtn 10,18f.; Jes 3,13-15; Am 5,4-16; 8,4-9).

Immer wieder verstößt Israel gegen die Gebote, erfährt Gottes Zorn, aber zugleich auch immer wieder Gottes erneute Zuwendung und Treue.

An diese Tradition knüpft Jesus an mit seinem Ruf »Tut Buße und glaubt an das Evangelium« (Mk 1,15). Dieser Ruf spricht zunächst den Menschen als Einzelperson an. Dieser kann sich in seinem Gewissen nicht durch andere oder durch eine kirchliche Institution vertreten lassen. Zugleich aber verbindet die Verheißung Jesu: »Wo zwei oder drei versammelt sind in meinem Namen, da bin ich mitten unter ihnen« (Mt 18,20) die Menschen unmittelbar miteinander zu einer Gemeinschaft.

Das Wesen der Gemeinschaft der Gläubigen wird im Neuen Testament mit verschiedenen Bildern beschrieben: Sie ist das Haus Gottes, das auf dem Fundament der Apostel und Propheten errichtet ist (Eph 2,20; 1 Petr 2,5), die Herde, die von Jesus Christus als dem guten Hirten geleitet wird (Joh 10,1-16), das Volk Gottes, das unterwegs ist zur Ruhe bei Gott am Ende der Zeit (Hebr 4,9-11). Und sie ist der Leib Christi (1 Kor 12). Jesus Christus ist ihr alleiniger Lebensgrund, und aus ihm empfängt das Zusammenspiel ihrer Glieder Kraft und Richtung. Deswegen werden die Gläubigen auch Gemeinschaft der Heiligen genannt – nicht weil sie fehlerlose Menschen wären, sondern weil Gott sie durch seine Vergebung und Berufung geheiligt hat.

Grund der Kirche

Der christliche Glaube gründet sich auf das Evangelium, dass Christus durch seinen Kreuzestod und seine Auferweckung unsere Gottesferne und unseren Tod überwunden hat. Der Auferstandene erweist sich als der lebendige Herr und stiftet mit der Berufung der Zeuginnen und Zeugen seiner Erscheinungen die Gemeinschaft der Gläubigen (1 Kor 15,3-8). Der Glaube an Jesus Christus hat sich rasch über den ursprünglichen Kreis der Jünger hinaus verbreitet und zur Entstehung des Christentums als Weltreligion geführt. Dies entspricht dem im Neuen Testament verkündeten Willen Gottes, »dass allen Menschen geholfen werde und sie zur Erkenntnis der Wahrheit kommen« (1 Tim 2,4). Ihm entspricht die Kirche, indem sie das Evangelium verkündigt und die Sakramente austeilt.

Sichtbare und verborgene Kirche

Die Gemeinschaft der Gläubigen wird durch den Heiligen Geist geschaffen. Deshalb ist äußerlich nicht eindeutig zu erkennen, wer sich tatsächlich von der Liebe Gottes tragen lässt. Die Reformatoren haben oft darauf hingewiesen, dass nicht alle, die zur Institution der Kirche gehören, auch Glieder der Gemeinschaft der Gläubigen sind. Ebenso gibt es umgekehrt auch Glieder dieser Gemeinschaft, die zur Institution der Kirche in einem distanzierten Verhältnis stehen. Doch wird das Bekenntnis zur Gemeinschaft der Gläubigen mit den Worten des Apostolischen Glaubensbekenntnisses ausgesprochen: »Ich glaube ... die heilige christliche Kirche, die Gemeinschaft der Heiligen«. Wir können auch den Ort angeben, an dem diese Gemeinschaft zu finden ist, nämlich dort, wo »das Evangelium rein gepredigt und die heiligen Sakramente laut dem Evangelium gereicht werden« (Augsburger Bekenntnis Artikel 7). Durch seine Gegenwart im Wort

der Predigt und in dessen sinnfälliger Bekräftigung durch die
Sakramente wirkt Gottes Geist den Glauben.

Der Glaube als Vertrauen zu Gott, so verborgen er ist,
bringt sichtbare und wahrnehmbare Lebensäußerungen hervor.
Er äußert sich in der Praxis christlicher Frömmigkeit: im Hören
auf Gottes Wort, in der Beschäftigung mit biblischen Texten, im
Lob Gottes und im Gebet, in der Selbstprüfung und im Gespräch
mit anderen, im persönlichen Bekenntnis und Zeugnis in der
Öffentlichkeit, in Taten der Liebe und in der Wahrnehmung öf-
fentlicher Verantwortung – im »vernünftigen Gottesdienst«, wie
Paulus das alltägliche christliche Leben nennt (Röm 12,1).

Gestalt der Kirche

Die institutionelle Gestalt der Kirche ist nicht von Jesus einge-
richtet worden, sondern wie alle anderen Institutionen von Menschen geschaffen. Der auferstandene Herr hat jedoch den Auftrag erteilt: »Gehet hin und machet zu Jüngern alle Völker« (Mt
28,19). Um diesem Auftrag nachzukommen, bedürfen Christinnen
und Christen, wie jede menschliche Gemeinschaft, nicht nur der
Sache, um die es ihnen geht, sondern auch konkreter Ordnungen. Sie betreffen die Gestaltung der Gottesdienste, das geregel-
te Zusammenleben und die klare Verteilung der unterschiedlichen Aufgaben, mit zunehmender zahlenmäßiger Größe auch
rechtliche Regelungen und eine Verwaltung. Christinnen und
Christen mussten die Kirche als eine Institution ausformen. Sie
gibt der inneren Verbundenheit der Christinnen und Christen im
Glauben eine äußere, gesellschaftliche Gestalt. Die institutionellen Regelungen dienen dazu, der Beständigkeit des Glaubens
gesellschaftlichen Ausdruck zu verleihen. Daraus folgt zugleich,
dass sie nicht zum Selbstzweck werden darf, sondern sich stets
daraufhin befragen lassen muss, wie weit sie mit ihren Äußerungen, mit ihrem öffentlichen Einfluss und auch mit ihrer eigenen
inneren Ordnung das christliche Zeugnis von der Liebe Gottes
zu allen Menschen zum Ausdruck bringt. Sie trägt Mitverantwortung für die Welt und darf sich nicht in Selbstgenügsamkeit
ergehen.

Kirchengemeinschaft

Das Neue Testament spricht von der Kirche als ekklesia. Dieses Wort bezeichnet zunächst die Versammlung der Christinnen und Christen in den Einzelgemeinden. Diese verschiedenen Gemeinden haben sich in neutestamentlicher Zeit zwar durchaus zu gegenseitiger Solidarität verpflichtet (2 Kor 8f.), aber noch nicht als ein institutionell zu regelndes Ganzes verstanden. Wie die Geschichte zeigt, hat die Gemeinschaft der Gläubigen seit dem 1. Jahrhundert keine einheitliche Organisation ausgebildet. Das hat zwei Gründe: Der problematische besteht darin, dass es im Laufe der Zeit immer wieder zu Abspaltungen in den Gemeinden gekommen ist. Der natürliche Grund ist, dass der Heilige Geist sein Werk an Menschen unterschiedlicher Herkunft und in unterschiedlichen Ländern vollbringt. Deshalb gibt es seit der frühen Christenheit kirchliche Institutionen in verschiedener Ausprägung.

Die Vielfalt sollte man nicht als Unglück betrachten. Sie ist vielmehr eine Bereicherung – jedenfalls dann, wenn die christlichen Kirchen sich der Einheit im Glauben an Jesus Christus als ihres gemeinsamen Herrn bewusst bleiben und wenn sie die Unterschiede in Lehre, Organisationsgestalt und liturgischer Tradition nicht zur Behinderung für das persönliche und nachbarschaftliche Zusammenleben der Menschen werden lassen. Dann werden sie sich gegenseitig zu achten und zu verstehen suchen.

Viele Christinnen und Christen erleben jedoch die fortdauernde Trennung der großen Konfessionen in der kirchlichen Wirklichkeit als belastend. Gewiss sind die Grenzen in den letzten Jahrzehnten durchlässiger geworden. So nutzen heute viele Christinnen und Christen Möglichkeiten interkonfessioneller Zusammenarbeit, vor allem auf sozialem Gebiet. Ökumenische Gottesdienste werden vor allem zu festlichen Anlässen gefeiert. Doch unleugbar bestehen weiterhin tief greifende Unterschiede in der Weise, wie Glaube gelebt und gelehrt wird. Viele Menschen, die in gemischtkonfessionellen Ehen leben, empfinden das besonders schmerzlich. Entsprechend stark ist ihr Bestreben, die Trennungen zu überbrücken. Doch führt zu diesem Ziel kein anderer Weg als der, verantwortbare Gemeinsamkeiten zu suchen und zur Grundlage des Handelns zu machen, aber verbleibende Verschiedenheiten und auch Gegensätze zwischen den Kirchen ehrlich zu benennen und offen zu diskutieren.

Priestertum aller Gläubigen

Ein wichtiges Merkmal der Gemeinschaft der Gläubigen ist nach evangelischem Verständnis das »Priestertum aller Gläubigen«. Die Reformation hat damit die biblische Einsicht (1 Petr 2,9; vgl. Ex 19,6) wiederentdeckt, dass jede Christin und jeder Christ »Priester«, d. h. unmittelbar zu Gott und daher zur Vermittlung des Glaubens an andere Menschen berufen ist. Denn »in Christus« sind alle Getauften gleich (Gal 3,28). Es gibt darum nur einen geistlichen Stand, keine geistliche Hierarchie in der Kirche. In Sachen des Glaubens sind daher alle Christinnen und Christen urteilsfähig und selbst verantwortlich.

Ämter in der Kirche

Damit Menschen den rechtfertigenden Glauben erlangen, hat Gott den Dienst der Wortverkündigung und Sakramentsverwaltung eingesetzt (vgl. Augsburger Bekenntnis Artikel 5). Um der äußeren Ordnung willen und wegen der unterschiedlichen Aufgaben und Begabungen ist es notwendig, dass es innerhalb der kirchlichen Institution verschiedene Ämter und Berufe gibt, die jeweils eine angemessene Ausbildung erfordern. Schon Paulus hat darauf hingewiesen, dass gemeindliches Leben die Wahrnehmung ganz unterschiedlicher Aufgaben durch verschiedene Menschen erfordert, die um der Ausbreitung des Glaubens und der Liebe willen zusammenarbeiten (Röm 12,4-8; 1 Kor 12). Zu diesen Aufgaben gehören das Predigtamt, die Ämter der Diakonin oder des Diakons, der Kantorin oder des Kantors, der Katechetin oder des Katecheten, der Evangelistin oder des Evangelisten usw.

Jene paulinische Einsicht gewinnt in einer Zeit zunehmender Ausdifferenzierung und Mobilität der Gesellschaft noch an Aktualität, insofern die Kirche sich immer weniger allein auf das Modell der Ortsgemeinde konzentrieren kann, sondern sich daneben gleichberechtigt vielfältiger anderer Arbeitsformen bedienen muss (Spezialpfarrämter, kirchliche Werke, Akademien usw.). Hinzu kommt, dass die Kirche – ebenso wenig wie andere vergleichbare Institutionen – nicht auf ein gewisses Maß an gestufter Verantwortung verzichten kann; Macht ist auch in der Kirche für sich genommen nichts Anrüchiges, sondern es kommt auf ihren angemessenen Gebrauch an. Dennoch sind alle Glieder der Kirche im Grunde gleichberechtigt. Sie haben die Möglichkeit, sich in die Leitungsgremien der Kirche auf den Ebenen der Gemeinde, des Kirchenkreises, der Landeskirche, der Vereinigten Evangelisch-Lutherischen Kirche Deutschlands und der Evangelischen Kirche in Deutschland wählen zu lassen und an deren Entscheidungen mitzuwirken.

Auftrag der Kirche
Der Auftrag der Kirche besteht darin, den Glauben an Jesus Christus zu bezeugen und Gottes Liebe zu allen Menschen in die Tat umzusetzen. Alle öffentlichen Verlautbarungen und alles Handeln der Kirche dienen diesem Auftrag. Um zu erkennen, welche konkrete Gestalt dieser Auftrag in der Gegenwart annehmen kann, bedarf es der wiederholten Besinnung auf die biblischen Grundlagen und die sie interpretierenden Bekenntnisse der Kirche sowie der sorgfältigen Analyse der jeweils gegebenen geistigen und gesellschaftlichen Verhältnisse.

Solche Reflexion erfolgt u. a. im Gespräch mit den Theologischen Fakultäten. Diese sind rechtlich von der Kirche weitgehend unabhängig, tragen aber durch Forschung und Lehre sowie durch Gutachten und Mitarbeit in kirchlichen Gremien zu Zeugnis und Dienst der Kirche bei. An diesem Reflexionsprozess sind auch kirchliche und diakonische Ausbildungsstätten wie Fachhochschulen, Predigerseminare und Akademien beteiligt.

Dieser Weg darf nicht mit der Erwartung verbunden werden, endgültige Klärung herbeizuführen. Vielmehr werden unterschiedliche Auffassungen nebeneinander stehen bleiben. Unterschiedlichkeit in der Auslegung der Schrift und im theologischen Urteil ist schon im Neuen Testament zu finden und durch die ganze Kirchengeschichte hindurch vorhanden gewesen. Doch ist eine Verständigung über die zentralen Fragen immer wieder

möglich. Das setzt voraus, dass die Gläubigen einander Respekt
erweisen und Auskunft über die Kriterien geben, nach denen sie
urteilen. In Gestalt der Bekenntnisschriften besitzen die evangelischen Kirchen einen entscheidenden Schlüssel für die Auslegung der Schrift. Sie gehen in der Sache auf den von Luther
gesetzten Maßstab für die Auslegung des Alten und Neuen Testaments zurück: was »Christum treibet«.

Herausforderungen

Die modernen Vorstellungen von Glaubens- und Gewissensfreiheit haben ihre Wurzeln in dem reformatorischen Gedanken der
Freiheit eines Christenmenschen und im Humanismus. Randgrup-
pen der reformatorischen Bewegung und später die Aufklärung
haben in Europa und in den USA einen langen Kampf um die
politische Umsetzung solcher Freiheit geführt. Daraus ist die Demokratie mit ihrer verfassungsmäßig garantierten Freiheit der
Überzeugung und des Lebensstils erwachsen. Im Laufe der Geschichte hat sich die Freiheitsidee von ihrer Verankerung im christlichen Glauben gelöst. So leben wir heute in einer offenen Gesellschaft, in der uns eine Vielzahl von Welt- und Lebensdeutungen
begegnet. Darüber hinaus ist unsere Lebensgestaltung infolge der
industriellen Entwicklung so differenziert und sind die Einflüsse
religiöser und weltanschaulicher Gruppen durch die modernen
Möglichkeiten der Information und Kommunikation so vielfältig
geworden, dass es keinen Weg zurück zu einem alle Mitglieder
der Gesellschaft umgreifenden Sinndeutungssystem gibt.

Dennoch suchen die Menschen auch in unserer offenen
Gesellschaft nach Lebenssinn und Gemeinschaft, durchaus auch
in einem religiösen Sinn. Doch erwarten viele die Hilfe dazu
nicht nur von den Kirchen. Sie orientieren sich an den vielfältigen Angeboten weltanschaulicher, religiöser oder esoterischer
Strömungen oder einfach an Medien und Werbung. Weder die
Kirchen noch der christliche Glaube verfügen hier über eine gesellschaftliche Monopolstellung.

Auf Grund dieser Veränderungen sind die Kirchen vielen
Menschen fremd geworden. Den einen sind sie eine »fremde
Heimat«, andere haben gar keine innere Beziehung zu ihnen,

vor allem dort, wo die Mehrheit der Bevölkerung bereits in der zweiten und dritten Generation nicht getauft ist. Unterschiedliche frömmigkeitsgeschichtliche Entwicklungen in verschiedenen Teilen des Landes sowie zwischen Stadt und Land machen das Bild noch uneinheitlicher.

Andererseits haben beispielsweise die Rechtstraditionen moderner Staaten mit ihrer Orientierung an den Menschenrechten eine Linie in säkularer Form fortgeführt, deren Ursprung zum Teil in den Zehn Geboten und der Bergpredigt liegt. Damit dürfte es zusammenhängen, dass aus der Gesellschaft hohe Erwartungen an die Kirchen gerichtet werden: Sie sollen Werte vermitteln und Traditionen bewahren, Menschen bei den Übergängen des Lebens begleiten, sich für Schwache und Benachteiligte einsetzen, in schweren Lebenssituationen Sinndeutung und Hoffnung bieten. Die Kirchen nehmen diese Erwartungen ernst. Dennoch können sie nicht alle erfüllen.

Die Kirchen halten in dieser Situation an ihrem Auftrag fest und bedenken, wie sie ihm mit den vorhandenen Mitteln am besten gerecht werden können.

Da die gesellschaftliche Differenzierung auch die Kirchen erfasst hat, fällt es ihnen schwer, allgemein gültige Äußerungen abzugeben und dem Wunsch nach Eindeutigkeit zu entsprechen. Deshalb werden auch die Prioritätensetzungen in den Kirchen vielfach gegensätzlich diskutiert. Es wird z. B. gefragt, ob die Verkündigung im Gottesdienst, das soziale Engagement oder die Struktur und ihre Reform vorrangig sei. Dabei zeigt sich, wie schwer es ist, das Recht anderer Positionen anzuerkennen und die eigene Auffassung demgegenüber zu relativieren. Die Spannung zwischen dem Willen zur Selbstbestimmung und dem Bedürfnis nach Verbindlichkeit ist nicht leicht auszuhalten. Angesichts dessen stellt sich mit Dringlichkeit die Frage, wie Verständigung zwischen unterschiedlichen kirchlichen Gruppen gelingen kann und wie Klärungsprozesse gestaltet werden können, welche die Kirchengemeinschaft fördern.

Die sich wandelnde Rolle der Kirchen in der Gesellschaft und die Erwartungen, die sich nach wie vor an sie richten, werden auch als neue Möglichkeiten erkannt.

In den Auseinandersetzungen mit den vielfältigen Angeboten unserer Zeit hat der christliche Glaube die Chance, sich neu zu entfalten und seine Kraft zu beweisen. Die Gelegenheiten der offenen Gesellschaft werden wahrgenommen; dabei wird wieder entdeckt, dass der Glaube klare Konturen hat, die ihn vom bloß Hergebrachten ebenso wie von bloßen Modeerscheinungen unterscheiden.

Für die Vermittlung ihrer Botschaft nutzen die Kirchen heute neben der Erhaltung von Bewährtem neue Medien und erproben neuartige Arbeitsformen. Auf diese Weise können Menschen erreicht werden, die zu der traditionellen Gestalt kirchlicher Arbeit keinen Zugang haben, aber durchaus auf den christlichen Glauben und eine christliche Lebensgestaltung ansprechbar sind.

Unter den skizzierten Bedingungen kommt den kirchlichen Amtshandlungen besondere Bedeutung zu. Sie können in entscheidenden Situationen des persönlichen Lebens durch die Auslegung biblischer Texte, durch liturgische und musikalische Gestaltung Freude und Dankbarkeit ausdrücken, Vergewisserung und Trost des Glaubens vermitteln. Ein zweiter Schwerpunkt ist die Seelsorge. Hier können Menschen im Glauben ein Selbst- und Weltverständnis gewinnen, das sich Lebenskrisen und Schuldverstrickungen stellt, handlungsleitende Maßstäbe und Werte vermittelt und die Weltverantwortung stärkt. Drittens prägen die vielfältigen Aktivitäten der Diakonie in starkem Maße das öffentliche Bild der Kirche.

Die eigentlichen Herausforderungen für die Kirchen kommen aber nicht von außen, sondern von innen. Nach evangelischem Verständnis spiegeln sie sich in den Grundaussagen der Reformation wider: Christus allein – allein aus Gnade – allein durch das Wort – allein durch den Glauben. Nur von hier aus empfangen die Lebensführung und die öffentliche Verantwortung ihre spezifischen Impulse. Dafür ist insbesondere die evangeliumsgemäße und lebensnahe Gestaltung der sonntäglichen Gottesdienste von Bedeutung.

Die Ordnung kirchlichen Lebens

Um Richtlinien für begründete Entscheidungen und für das Handeln formulieren zu können, müssen sowohl die inneren als auch die äußeren Herausforderungen ernst genommen werden. Solche Richtlinien und Entscheidungen existieren aber nicht für sich, sondern bedürfen eines Ordnungsrahmens, der sie miteinander zu einem Ganzen verknüpft und ihnen Akzeptanz, Durchsetzung und Bestand ermöglicht. Freilich kann die Beständigkeit des *Glaubens* durch einen solchen Rahmen selbstverständlich nicht gewährleistet werden; sie ist allein das Werk des Heiligen Geistes. Aber die *Tätigkeit* der Christinnen und Christen unterliegt – als vom Heiligen Geist geleitete – zugleich den Gesetzen, denen alle menschliche Tätigkeit unterliegt: Sie braucht Regeln, Ordnungen, Einrichtungen, um die äußere Seite der eigenen Gemeinschaft gestalten und um gesellschaftlich wirksam sein zu können.

Jede Ordnung kirchlichen Lebens muss vom Auftrag der Kirche geprägt sein. Sie muss sich also auf das Zeugnis des Glaubens nach innen und nach außen in Gottesdienst und Mission und auf diakonische Zuwendung zu einzelnen Menschen und zur Gesellschaft beziehen. Schließlich muss sie die Gestalt des Gemeinschaftslebens in der Kirche so bestimmen, dass diese den genannten Aufgaben in einer der jeweiligen Gegenwart entsprechenden Weise gerecht werden kann. Das erfordert ständig die Bereitschaft zu Veränderungen.

In allen ihren Ausdrucksformen bildet die Kirche auch mit ihrer äußeren Ordnung die Gemeinschaft der Gläubigen ab. Die organisatorische Struktur der Kirche ist zwar wandelbar und muss neuen Herausforderungen angepasst werden. Sie ist aber nicht beliebig. Vielmehr hat die Kirche stets zu bezeugen, dass Jesus Christus ihr alleiniger Herr ist. Das kommt erstens darin zum Ausdruck, dass sich ihre einzelnen Glieder in ihrem Umgang miteinander durch die von ihm verkündete Versöhnung Gottes bestimmen lassen, die ihnen durch die Kraft des Heiligen Geistes zuteil wird. Zweitens äußert sich die Nachfolge Jesu Christi darin, dass die Kirche für ihr distanziert gegenüberstehende Menschen ebenso offen ist wie für traditionsgebundene und kirchentreue. Drittens ergeben sich daraus organisatorische Konsequenzen. Dazu gehört die interne Gewaltenteilung, eine gerechte Gestaltung der Arbeitsverhältnisse, eine offene Art im Umgang mit Konflikten und die Fähigkeit, Kritik von außen zu akzeptieren und unberechtigte Vorwürfe zurückzuweisen. Viertens darf das Leben aus der Versöhnung Gottes nicht auf den inneren Kreis der Kirche beschränkt bleiben. Deshalb tritt sie in der von Gott entfremdeten Welt öffentlich für Versöhnung ein, indem sie zum Frieden zwischen sozialen Gruppen, zwischen Bürgerkriegsparteien und zwischen den Völkern, zur gerechten Gestaltung sozialer Verhältnisse und zum sachgemäßen Umgang mit der natürlichen Umwelt beiträgt.

A. Das gottesdienstliche Leben

Foto: © epd-bild/Nicola O'Sullivan, Frankfurt/M.

1. Gottesdienst

Wahrnehmung der Situation

Gottesdienst ist eigentlich als Gottes Dienst am Menschen zu verstehen, wenngleich der Begriff im allgemeinen (auch kirchlichen!) Sprachgebrauch die kirchliche Veranstaltung bezeichnet, als handle es sich um einen von Menschen für Gott geleisteten Dienst. Gottesdienst im Alltag der Welt ist dann (an zweiter Stelle!) der von Christinnen und Christen täglich gelebte Glaube (Röm 12,1). Öffentliche Gottesdienste werden an allen Sonntagen und kirchlichen Feiertagen, zu besonderen Anlässen auch an Werktagen, gefeiert. Dazu kommen Menschen zusammen, weil sie auf Gottes Wort hören, zu ihm beten und Taufe und Abendmahl empfangen wollen. Das verbindet die Gemeinde mit der weltweiten Kirche und stellt sie in die Tradition und Gemeinschaft der Kirche aller Zeiten.

Die Beteiligung der Gemeinde am gottesdienstlichen Geschehen ist ein Kennzeichen des evangelischen Gottesdienstes. Sie kommt unter anderem zum Ausdruck im Singen, in der Kirchenmusik wie auch im Amt der Lektorinnen und Lektoren oder der Prädikantinnen und Prädikanten. Kirchenmusik und Gesang sind wesentliche Bestandteile des evangelischen Gottesdienstes.

Der Sonntag hat als Ruhetag in unserer Gesellschaft nach wie vor ein eigenes Gewicht. Wesentliche Merkmale unserer kulturellen Identität verbinden sich mit ihm. Es kann aber nicht übersehen werden, dass der Wandel der Arbeitswelt und verändertes Freizeitverhalten, Vereinswesen und Sport sowie der Einfluss der Massenmedien bedeutsame Änderungen in der Einstellung zum Sonntag und zum sonntäglichen Gottesdienst mit sich gebracht haben. Mit Sorgen beobachten die Gemeinden, dass die zunehmende Sonntagsarbeit die Teilnahme am Gottesdienst und die Gestaltung des Sonntags als Ruhetag erschwert. Die unterschiedlichen Interessen und Erwartungen, die sich mit dem

Sonntag verbinden, bei Familien und Einzelpersonen wie auch bei jüngeren und älteren Menschen, führen zu einer Konkurrenz mit dem Gottesdienst.

Etlichen Gemeindegliedern ist der Sonntagsgottesdienst wichtig für ihr Leben. Andere kommen nur selten, nehmen aber an Gottesdiensten an für sie wichtigen Tagen oder im Urlaub teil oder beteiligen sich am Gemeindeleben in anderer Weise. Für viele Kirchenmitglieder hat der sonntägliche Gottesdienst keine erkennbare Bedeutung.

Außer zum Sonntagsgottesdienst finden sich Christinnen und Christen in unterschiedlichen Lebenssituationen zu Dank und Fürbitte, zu Lob und Klage und der Bitte um Gottes Segen ein. Solche Lebenssituationen sind: Geburt eines Kindes, Eheschließung und Jubiläen, Tod und Trauer, Beginn und Ende eines Schuljahrs. Auch aus Anlass besonderer Ereignisse, im Erschrecken über Katastrophen und drohende Gefahren oder zum Danken und Feiern kommen Christinnen und Christen zum Gottesdienst zusammen. Gemeinsame Andachten zu Beginn und Abschluss des Tages und der Woche gehören ebenso zum gottesdienstlichen Leben der Gemeinde wie z. B. Friedensgebete und Weltgebetstagsgottesdienste.

Mit neuen Gottesdienstformen und erweiterten Gottesdienstangeboten reagieren viele Gemeinden auf unterschiedliche Erwartungen und Bedürfnisse. Familiengottesdienste sind selbstverständlich geworden. Viele Gemeinden laden zu Kindergottesdiensten ein. Bewährt haben sich Gottesdienst- und Predigtvorbereitungskreise, Predigtnachgespräche und der so genannte Kirchenkaffee. Gleichwohl bemerken Gemeinden, wie schwer es ist, über den Kreis der Kirchentreuen hinaus Menschen für den Gottesdienst zu interessieren.

Viel Zuspruch finden kirchenmusikalische Veranstaltungen, bei denen wie in den Gottesdiensten Verkündigung durch Musik geschieht.

Ökumenische Begegnungen bereichern den Gottesdienst. Vielerorts feiern Christinnen und Christen aus unterschiedlichen Kirchen zu bestimmten Anlässen gemeinsame Gottesdienste. Ökumenischen Gottesdiensten am Sonntagvormittag steht entgegen, dass römisch-katholische Christinnen und Christen zu dieser Zeit zur Teilnahme an einer katholischen Messe verpflichtet sind. Doch selbst an Sonntagen lassen sich Möglichkeiten finden, gemeinsame Wortgottesdienste zu feiern.

Seit einigen Jahrzehnten gewinnen im evangelischen Gottesdienst Anschaulichkeit, Bewegung, Symbole und Rituale an Bedeutung.

Die Kirchen nutzen auch die Chance, durch Gottesdienste in Hörfunk, Fernsehen und neuen Medien viele Menschen anzusprechen. Bei Gottesdiensten auf Kirchentagen und anderen Großveranstaltungen werden Menschen in ungewöhnlich großer Anzahl zusammengeführt.

Biblische Grundlagen und theologische Orientierung

Im Gottesdienst stimmt die christliche Gemeinde in das Gotteslob des Volkes Israel ein (Röm 15,8-12). Sie ist die Gemeinschaft der Menschen, die Gott durch Jesus Christus am jeweiligen Ort sowie im Sinne einer weltweiten Gemeinschaft zusammengerufen hat. Sie bildet die Gemeinschaft der Glaubenden ab, in der Jesus Christus in der Kraft des Heiligen Geistes gegenwärtig ist. Die Gemeinde hat ihr Wesen darin und lebt daraus, dass sie sich regelmäßig versammelt, um Gottes Wort zu hören und zu verkündigen, ihn zu bekennen und die Sakramente zu feiern, mit Worten, Psalmen und Liedern Lob und Dank zu sagen, Schuld einzugestehen und Anliegen im Gebet vor Gott zu bringen (vgl. Apg 2,42; 1 Tim 2,1; Augsburger Bekenntnis Artikel 7).

In dem in seiner Grundform so beschriebenen Gottesdienst begegnen wir Gottes heilschaffender Gegenwart und vergewissern uns seiner erhaltenden Kraft; er kann zum Ort der Feier und der Freude, der Besinnung und Hingabe, aber auch zum Ort der Trauer und Klage werden. Hier erfährt die christliche Gemeinde in der Predigt das Erlösungshandeln Christi als ihren Lebensgrund. Sie feiert in der Taufe glaubend die An- und Aufnahme ihrer neuen Glieder (1 Kor 12,12). Im Abendmahl wird sie immer neu als Gemeinde des Herrn konstituiert (1 Kor 10,16). Durch den Zuspruch von Gottes Segen weiß sie sich in den Alltag begleitet und zugleich zum Glaubenszeugnis und Dienst in die Welt gesandt (Mt 28,19). Damit bildet der Gottesdienst die Mitte des christlichen Lebens. Er ist Rückhalt für den Einzelnen, der sich jederzeit und überall an Gott halten und nach seinem Willen richten soll. Ein solches Leben nennt Paulus unseren vernünftigen Gottesdienst (Röm 12,1). Der Gottesdienst ist von seinem Wesen her also zunächst Versammlung, Feier und Zeugnis der glaubenden und getauften Gemeinde. Dieses Zeugnis von Gottes Heilswillen gilt allen Menschen (1 Tim 2,4-6; Tit 2,11); deshalb muss es öffentlich geschehen. Damit sind auch Nichtglaubende und Nichtgetaufte eingeladen, von Gottes Anspruch auf den Menschen zu hören und von seiner Annahme in Liebe und Vergebung zu erfahren.

Paulus schreibt, dass der Glaube nicht von selbst entsteht, sondern aus der Verkündigung kommt. Diese speist sich aus der Fülle der biblischen Botschaft von Hebräischer Bibel und Neuem Testament. Deshalb ist darin auch die Verbundenheit der Kirche mit Israel zum Ausdruck zu bringen. Doch darf die jüdische Tradition dabei nicht vereinnahmt werden. Es ist deutlich zu machen, »dass das ›Wir‹ Israels nicht deckungsgleich ist mit dem ›Wir‹ der Kirche. Auch ist darauf zu achten, dass das jüdische Verständnis nicht verdeckt oder gegen seinen Sinn ausgelegt wird« (»Christen und Juden III. Schritte der Erneuerung im Verhältnis zum Judentum. Eine Studie der Evangelischen Kirche in Deutschland«, 2000).

Die christliche Gemeinde feiert den ersten Tag der jüdischen Woche als Tag der Auferstehung Jesu Christi (Mk 16,2). Bei uns ist das heute der Sonntag. Dieser Tag verweist damit sowohl auf den Beginn der Schöpfung der Welt (Gen 1,3-5) wie auch auf den Beginn der neuen Schöpfung, die in der Auferstehung Jesu ihren Anfang genommen hat (2 Kor 5,17) und auf die Vollendung bei seiner Wiederkunft wartet (Röm 8,23). Das Neue Testament berichtet, dass der Herr am Tag seiner Auferstehung seinen Jüngern erschien (Lk 24,13) und von ihnen im Schriftauslegen und beim Brotbrechen erkannt wurde

(Lk 24,30-32). Seither hat sich die christliche Gemeinde an diesem Tag unter Wort und Sakrament versammelt (Apg 20,7). Diese Versammlungen fanden am Anfang abends statt (vgl. Apg 20,7), da für eine sonntägliche Arbeitsruhe zunächst keine gesellschaftlichen Rahmenbedingungen vorhanden waren. Stattdessen galt der siebente Tag der Woche, der Sabbat, als Ruhetag sowohl für Juden als auch für Christen. Erst später ist die Feier der Auferstehung des Herrn mit dem biblischen Sabbatgebot (Ex 20,8-10) so verbunden worden, dass der Sonntag nun auch zum Ruhetag des Neuen Bundes wurde. Christinnen und Christen halten an diesem Tag inne, um das Geschenk der Ruhe anzunehmen, der Überwindung von Sünde und Tod in der Auferstehung Christi zu gedenken, Gott als den Schöpfer, Erhalter und Vollender der Welt zu preisen und ihn für das Heil aller Menschen zu bitten.

Im Gottesdienst wird die Gegenwart Gottes gefeiert und auf dem Weg in die von Gott verheißene Zukunft nicht nur neue Lebenswirklichkeit angeboten und erprobt (Röm 6,4), sondern auch an die vergangene Geschichte Gottes mit den Menschen erinnert. In sie sind wir mit hineingenommen, hier finden wir den Anfang und Grund unseres Hoffens und von hier aus können unsere eigenen Lebenserfahrungen wiedererkannt und z. B. bei Amtshandlungen zu besonderen Anlässen gedeutet werden. Für diese Gottesdienste gilt wie für jeden anderen Gottesdienst: Er sollte in seinen Hauptbestandteilen erkennbar sein, kann jedoch in einzelnen Elementen je nach Lebenssituation akzentuiert bzw. verändert werden. Die großen Feste des Kirchenjahres sind in besonderer Weise an der Christusgeschichte orientiert. Sie vergegenwärtigen, was Gott durch seinen Sohn für uns getan hat, auch jetzt tut und noch tun will. Sie laden uns zum Mitfeiern und zur Aneignung dieses Heilsgeschehens ein.

Regelungen[1]

1. Zeit und Ort des Gottesdienstes

(1) Die Gemeinde feiert an jedem Sonntag Gottesdienst, weil dies der Tag der Auferstehung Jesu Christi ist. Gottesdienste finden auch an allen kirchlichen Feiertagen statt. Sie können darüber hinaus an anderen Wochentagen gefeiert werden.

(2) Gottesdienste finden in Kirchengebäuden oder an anderen geeigneten Orten statt.

(3) Zeiten und Orte der Gottesdienste bestimmt grundsätzlich der Kirchenvorstand gemeinsam mit der Pfarrerin oder dem Pfarrer im Rahmen des gliedkirchlichen Rechts.

(4) Jeder Gottesdienst ist öffentlich und als solcher bekannt zu machen.

2. Formen des Gottesdienstes

(1) Die christliche Gemeinde versammelt sich im Namen Gottes, des Vaters und des Sohnes und des Heiligen Geistes zum Gottesdienst und lädt dazu ein. Sie hört auf Gottes Wort, bekennt ihre Schuld und bekommt Vergebung zugesprochen. Sie empfängt mit Taufe und Abendmahl die Sakramente und antwortet mit Gebet, Lobgesang und Dankopfer. Mit Gottes Segen lässt sie sich in die Welt senden. Durch die Versammlung unter Gottes Wort soll das ganze Christenleben zum Gottesdienst werden.

(2) Für die verschiedenen Alters- und Zielgruppen in der Gemeinde sollten geeignete Gottesdienste angeboten werden.

(3) Gemeinsame Gottesdienste für Erwachsene und Kinder (Familiengottesdienste) sollen regelmäßig gefeiert werden.

(4) Die Kinder der Gemeinde sollen zum Kindergottesdienst eingeladen werden.

---

1. Vgl. Augsburger Bekenntnis Artikel 7 (Evangelisches Gesangbuch Nr. 906, Ausgabe der Evangelisch-Lutherischen Kirche in Bayern); Evangelisches Gottesdienstbuch – Agende für die EKU und die VELKD – 1999; §§ 31 und 32 PfG der VELKD.

(5) Zu besonderen Anlässen werden z.b. Gebetsgottesdienste, Dankgottesdienste, Fürbittgottesdienste, Beichtgottesdienste, Segnungsgottesdienste und ökumenische Gottesdienste gefeiert.

(6) Gottesdienste besonderer Art sind die Amtshandlungen Taufe, Trauung, Bestattung, die in dieser Ordnung eigens geregelt sind.

3. Verkündigung

Die Verkündigung im Gottesdienst ist an die Heilige Schrift in der Perspektive des lutherischen Bekenntnisses[2] gebunden. In der Predigt wird in der Regel ein Abschnitt aus der Heiligen Schrift ausgelegt. Die biblischen Lesungen sind dem Lektionar zu entnehmen, das die Perikopenordnung wiedergibt.

4. Ordnung des Gottesdienstes

(1) Der Gottesdienst wird nach der geltenden Agende und in der Regel mit dem eingeführten Gesangbuch gefeiert.

(2) Die Feier des Gottesdienstes nach der Agende entbindet nicht von der Aufgabe, jeden Gottesdienst dem Anlass und dem Kreis der Teilnehmenden entsprechend zu gestalten. Unter Beachtung fester Strukturen und verbindlicher Kernstücke sollen Wege beschritten werden, die biblische Botschaft in vielfältiger Weise zum Ausdruck zu bringen.

(3) Im Rahmen der jeweils geltenden Agende wird die Verantwortung für die gottesdienstliche Gestaltung im Konsens von Kirchenvorstand und Pfarrerin oder Pfarrer wahrgenommen. Die für die Kirchenmusik Verantwortlichen sind hierbei einzubeziehen.

5. Leitung des Gottesdienstes

(1) Der Gottesdienst und die Feier von Taufe und Abendmahl werden von dazu besonders öffentlich berufenen, in der Regel ordinierten Personen geleitet.

(2) Geeignete Gemeindeglieder können nach einer entsprechenden Ausbildung mit der Leitung des Gottesdienstes im Rah-

---

2. Vgl. Art. 1 Abs. 1 Verfassung der VELKD.

men gliedkirchlichen Rechts beauftragt werden.[3] Die Beauftragung für die Sakramentsverwaltung erfolgt in der Regel gesondert für einen bestimmten Ort und eine begrenzte Zeit.

(3) Bei der Vorbereitung und Gestaltung des Gottesdienstes sollen Kirchenmusiker oder Kirchenmusikerinnen, weitere Gemeindeglieder und die kirchenmusikalisch Mitwirkenden rechtzeitig einbezogen werden.

(4) Für die liturgische Kleidung sind die gliedkirchlichen Bestimmungen zu beachten.

6. Kollekten

(1) In den Gottesdiensten werden Kollekten gesammelt.

(2) Für die Zweckbestimmung der Kollekten ist der landeskirchlich beschlossene Kollektenplan maßgeblich.

(3) Über die Kollekten, deren Zweckbestimmung der Gemeinde durch den Kollektenplan freigestellt ist, entscheidet zuvor der Kirchenvorstand.

7. Abkündigungen

In den Abkündigungen werden kirchliche Amtshandlungen bekannt gegeben und Gemeindeglieder der Fürbitte der Gemeinde empfohlen. Ferner wird über Bestimmungen und Ergebnisse von Kollekten, Gaben und Spenden berichtet; kirchliche Bekanntmachungen werden mitgeteilt. Es wird zu kirchlichen Veranstaltungen eingeladen und über Ereignisse in Gemeinde und Kirche berichtet. Abkündigungen sollten auch dazu genutzt werden, die ökumenische Verbindung der Gemeinde bekannt zu machen.

8. Kirchengeläut

Die Glocken rufen die Gemeinde zum Gottesdienst und laden zum Gebet ein. Das Glockengeläut wird durch eine Läuteordnung geregelt.

---

3. S. für die ELKB: Kirchengesetz über die Berufung zum Prädikantendienst (Prädikantengesetz – PrädG) vom 11.12.2000 (RS 545).

9. Kirchengebäude

Zur Verantwortung für den Gottesdienst gehört der seiner Bestimmung entsprechende Umgang mit dem gottesdienstlichen Raum. Deshalb ist die Ausstattung des Raumes in ihrer geistlichen Aussagekraft zu beachten und zu pflegen.

10. Fotografische und filmische Aufnahmen

(1) Der Gottesdienst ist eine öffentliche Veranstaltung. Die Kirche hat ein Interesse daran, dass ihr gottesdienstliches Leben in der Öffentlichkeit wirksam dargestellt wird und in der privaten Erinnerung erhalten bleibt. Dabei sind bestimmte Regeln einzuhalten, um die Würde des Gottesdienstes und der Amtshandlungen sowie die Privatsphäre der Menschen zu achten.

(2) Beim Filmen und Fotografieren ist das gliedkirchliche Recht zu beachten. Dies gilt vor allem für die Feier des Abendmahls, die Taufhandlung, die Einsegnung der Konfirmandinnen und Konfirmanden, die Segnung von Brautpaaren und bei Ordinationen und Amtseinführungen.

(3) Ansonsten legt der Kirchenvorstand im Blick auf die örtlichen Verhältnisse die Bedingungen fest, die beim Fotografieren und Filmen während des Gottesdienstes und bei Amtshandlungen einzuhalten sind. Er tut dies auch für Funk- und Fernsehübertragungen. Er kann das Fotografieren und Filmen im Rahmen der gliedkirchlichen Ordnung auch untersagen.

2. Taufe

Wahrnehmung der Situation

Durch die Taufe werden Menschen in die Kirche aufgenommen, entweder aufgrund eigener Entscheidung oder auf Wunsch der Eltern. Gott spricht dem Täufling durch das sichtbare Handeln von Menschen seine Liebe zu; dadurch wird dieser in die weltweite Gemeinschaft der Christen eingegliedert. Zugleich wird der Täufling zum Mitglied der Kirche, in der die Taufe stattfindet. Auf der einen Seite gehört also der Glaube zur Taufe, auf der anderen begründet der Taufakt ein Rechtsverhältnis.

Bei der vorherrschenden Praxis der Taufe von Säuglingen fällt der Vollzug der Taufe mit dem Glauben lebensgeschichtlich nicht zusammen. Deshalb sprechen die Eltern bzw. Sorgeberechtigten mit den Patinnen und Paten im Taufgottesdienst das Glaubensbekenntnis und versprechen, das Kind im christlichen Glauben zu erziehen. Doch mit der zurückgehenden oder abgebrochenen christlichen Traditionsbindung ist dieser Zusammenhang im allgemeinen Bewusstsein vielfach aus dem Blick geraten. Der ursprüngliche Sinn der Taufe ist vielen Menschen nicht mehr klar. Trotzdem wollen Eltern bzw. Sorgeberechtigte ihre Kinder taufen lassen, obwohl ein Elternteil bzw. Sorgeberechtigter einer anderen Religionsgemeinschaft angehört oder konfessionslos ist. Selbst Nichtchristen möchten ihre Kinder zur Taufe bringen oder Patinnen und Paten sein. Insgesamt ist die Selbstverständlichkeit der Kindertaufe zurückgegangen. Deshalb sieht es die Kirche als ihre dringende missionarische Aufgabe an, auf die Bedeutung der Taufe hinzuweisen und zu ihr einzuladen.

Die evangelisch-lutherische Kirche tritt entschieden für die Säuglingstaufe ein. Die meisten Eltern bringen weiterhin kleine Kinder zur Taufe. Sie haben unterschiedliche Gründe dafür. Viele von ihnen wollen, dass ihre Kinder unter Gottes Schutz und Segen leben und in die Tradition hineinwachsen, in der sie selber stehen. Anderen liegt daran, ihre Freude über den Beginn des jungen Lebens durch eine schöne Feier zu unterstreichen. Manchen Eltern fällt es schwer, darzustellen, warum sie ihr Kind taufen lassen wollen; häufig steht hinter ihrem Wunsch die Ehrfurcht vor dem Geheimnis des Lebens. Andere Eltern schieben die Taufe ihrer Kinder auf. Manche tun das, um ihnen selbst die Entscheidung zu überlassen, wenn sie das entsprechende Alter erreicht haben, andere machen Glaubensgründe dafür geltend. Die Kirche ist aus gutem Grund zurückhaltend, die Ehrlichkeit der Bitte um die Taufe, wann immer sie vorgetragen wird, zu bezweifeln.

Als Folge der abbrechenden Traditionsbindung mancher Eltern ist die Taufe teilweise aus dem Blick geraten. So kommt es immer häufiger auch zu Taufen von Kindern im Kindergarten- und Grundschulalter, von Jugendlichen und Erwachsenen. Sie haben in den Gemeinden inzwischen eine große Akzeptanz gefunden. Trotzdem können sich viele Menschen nicht zur Taufe entschließen, obgleich sie die Arbeit der Kirche als wichtig empfinden und sie sogar oftmals selbst unterstützen.

Um die in der Taufe geschenkte Gabe erfahrbar und verstehbar zu machen und die Bedeutung der Erfahrung von Gemeinschaft für den Glauben herauszustellen, gestalten die Gemeinden die Taufgottesdienste mit großer Aufmerksamkeit. Auch Tauferinnerungsgottesdienste dienen diesem Ziel.

Wer aufgrund der Entscheidung seiner Eltern getauft wurde, steht vor der Aufgabe, ein persönliches Verhältnis zum christlichen Glauben zu finden. Manchen gelingt dies nicht, und sie treten später aus der Kirche aus. Damit entfallen zwar alle Rechte und Pflichten der Kirchenzugehörigkeit, aber die Möglichkeit der Rückkehr zur Kirche steht jederzeit offen. Die Taufe bleibt gültig und wird nicht wiederholt. Andere sind weiterhin Mitglied der Kirche, können aber keinen inneren Zugang zu ihrer Verkündigung finden. Sie möchten nicht aufgeben, was ihnen als Kind mitgegeben wurde.

Menschen, die bewusst in der Kirche leben, sehen in der Taufe ein sichtbares Zeichen der Zuwendung Gottes, an das sie anknüpfen und an dem sie ihr Leben ausrichten können. Für sie ist die in der Taufe begründete Zugehörigkeit zur Kirche Freude und Verpflichtung.

Biblische Grundlagen und theologische Orientierung

Nach dem Matthäusevangelium hat der auferstandene Christus den Auftrag erteilt: »Gehet hin und machet zu Jüngern alle Völker: Taufet sie auf den Namen des Vaters und des Sohnes und des Heiligen Geistes und lehret sie halten alles, was ich euch befohlen habe« (Mt 28,19-20). Aus den Briefen der Apostel wissen wir, dass die Aufnahme in die Gemeinde immer durch die Taufe geschah (1 Kor 12,13; Gal 3,27). Dementsprechend geschieht in den christlichen Kirchen die Aufnahme in die Gemeinde durch die Taufe. Sie ist ein sichtbares Zeichen ihrer verborgenen Einheit im Glauben. Schon im Epheserbrief (4,3-6) heißt es: »Seid darauf bedacht, zu wahren die Einigkeit im Geist durch das Band des Friedens: ein Leib und ein Geist, wie ihr auch berufen seid zu einer Hoffnung eurer Berufung; ein Herr, ein Glaube, eine Taufe; ein Gott und Vater aller, der da ist über allen und durch alle und in allen.«

Die Taufe wird im Namen Gottes, des Vaters, und des Sohnes und des Heiligen Geistes vollzogen; dabei wird der Kopf des Täuflings nach der Praxis unserer Kirche dreimal mit Wasser begossen. Der Gebrauch des Wassers bringt zeichenhaft zum Ausdruck, worin die Bedeutung der Taufe besteht: »Taufen« kommt von Untertauchen, dem ein Wiederauftauchen folgt, so wie es ursprünglich bei der Erwachsenentaufe Brauch war. In der Taufe ereignet sich unser Mitsterben mit Christus, der für unsere Gottesferne den Tod erlitt, und die Wende zu einem neuen, ganz durch ihn bestimmten Leben (Röm 6,2-4). Die Entfremdung der Menschen von Gott, in die wir schon hineingeboren werden, wird in der Taufe von Gott selbst für uns aufgehoben. Die Gemeinschaft mit Gott wird neu begründet. Auf diese Versöhnung können wir unser Leben lang zurückgreifen. So wird unser Leben durch das Wirken Gottes bestimmt, das uns in die Lage versetzt, seine Liebe in tatkräftigem Einsatz an unsere Mit-

menschen weiterzugeben. Im Neuen Testament wird dies auch
mit dem Bild der Neugeburt durch den Heiligen Geist (Joh 3,5;
Tit 3,5) beschrieben. In diesem Sinn ist die Taufe heilsnotwen-
dig (Mk 16,16; Augsburger Bekenntnis Artikel 9).

Das Sakrament der Taufe wirkt nicht magisch, sondern in
ihr verbindet sich Gottes Wort mit einer anschaulichen Handlung. Martin Luther hat darum im Kleinen Katechismus betont:
»Wasser tut's freilich nicht, sondern das Wort Gottes, das mit
und bei dem Wasser ist, und der Glaube, der solchem Worte Gottes
im Wasser traut.«

In der frühen Kirche wurden, soweit wir wissen, zunächst
Erwachsene nach entsprechendem Unterricht getauft. Doch
wuchs allmählich der Wunsch der Eltern, ihre Kinder an der Glau-
benserfahrung teilhaben zu lassen. So hat sich seit dem 3. Jahrhundert die Praxis der Kindertaufe durchgesetzt. Grundsätzlich
gilt, dass Menschen in der Taufe unabhängig von ihrem Lebensalter Gottes Gnade empfangen. Die Säuglingstaufe bringt auf
anschauliche Weise zum Ausdruck, dass Gott die Menschen ohne
Vorbedingungen annimmt. Sie ist deswegen in den meisten christlichen Kirchen die bevorzugte Form, und sie nehmen dafür in
Kauf, dass der Täufling erst viel später in der Lage ist, diese
Zusage bewusst und ausdrücklich für sich anzunehmen.

Die Taufe eines Kindes zielt auf das eigene Bekenntnis
des Täuflings in einem späteren Lebensalter durch die Konfirmation (vgl. Abschnitt Lernen, Lehren, Konfirmieren) und auf
einen Glauben, der lebenslang im Hören auf das Evangelium,
im Gebet und im Einsatz für andere Menschen praktisch ausgeübt wird. Dabei sollen die Eltern sowie im Auftrag der christlichen Gemeinde die Patinnen und Paten den Täufling begleiten.
Die Gemeinde soll alle Getauften immer wieder veranlassen,
das Zeugnis der Bibel kennen zu lernen und sie zum Glauben
einladen.

Wenn Jugendliche und Erwachsene aus eigenem Entschluss getauft werden wollen, bedarf es eines gründlichen Tauf-
unterrichts. Dessen Ziel muss es sein, dass die Teilnehmerinnen
und Teilnehmer sich – ihrem Alter und ihren geistigen Fähigkeiten entsprechend – über den Sinn des christlichen Glaubens klar

werden und ihre Entscheidung verantwortlich vertreten können. Sie sind dabei nicht gegen Zweifel und Anfechtung gefeit. Deshalb darf man nicht einen gefestigten und bewährten Glauben zur Bedingung für die Taufe erheben. Vielmehr ist zu fragen, ob nach dem Maß des jeweiligen Verständnisses der aufrichtige Wunsch besteht, Gottes Verheißung in der Taufe anzunehmen.

Durch die Taufe werden Menschen, wie es Paulus ausgedrückt hat, zu Gliedern am Leib Christi (1 Kor 12) und zu Mitgliedern der Gemeinde und der weltweiten Gemeinschaft der Christinnen und Christen. Sie sollen an ihrem Leben teilhaben und es mit ihren Begabungen, ihrer Phantasie und ihren Ideen nach Kräften mitgestalten.

Regelungen[4]

1. Taufvorbereitung

(1) Der Taufe geht eine Vorbereitung voraus, in der die persönlichen Beweggründe des Taufwunsches sowie die Verheißung und Verpflichtung der Taufe zur Sprache kommen. Sie richtet sich nach dem Lebensalter des Täuflings.

(2) Wird für *Kinder* die Taufe begehrt, was in der evangelisch-lutherischen Kirche die Regel ist, führt die Pfarrerin oder der Pfarrer mit den Eltern oder Sorgeberechtigten und – wo möglich – mit den Patinnen und Paten ein Gespräch über die Bedeutung der Taufe. Heranwachsende Kinder sind ihrem Lebensalter entsprechend in die Taufvorbereitung einzubeziehen.

(3) Für ungetaufte *Jugendliche* führt der Konfirmandenunterricht zur Taufe. Sie kann während der Unterrichtszeit oder im Konfirmationsgottesdienst erfolgen.

(4) Der Taufe älterer Jugendlicher und *Erwachsener* gehen Gespräche über den christlichen Glauben voraus.

---

4. Vgl. Agende Bd.III der VELKD, Teil 1 – Die Taufe –, neu bearb. Ausgabe 1999; Evangelisches Gottesdienstbuch, S.149 ff.

2. Gültigkeit und Anerkennung der Taufe

(1) Wenn die evangelische Kirche tauft, folgt sie dem Auftrag Jesu Christi und verbindet sich mit der Kirche Jesu Christi in aller Welt.

(2) Die evangelisch-lutherische Kirche erkennt alle Taufen an, die nach dem Auftrag Jesu Christi mit Wasser im Namen Gottes, des Vaters, des Sohnes und des Heiligen Geistes vollzogen worden sind.

(3) Eine auf diese Weise vollzogene Taufe darf nicht wiederholt werden. Sie bleibt in jedem Fall gültig, auch wenn jemand bei Wiederaufnahme in die Kirche oder beim Übertritt in eine andere christliche Kirche eine Taufwiederholung wünscht.

3. Taufgottesdienst

(1) Die Taufe wird nach der geltenden Agende im Gottesdienst oder in einem besonderen Taufgottesdienst – in der Regel in der Kirche – vollzogen. Sie ist ein Fest der Gemeinde, dessen Gestaltung besondere Aufmerksamkeit gewidmet werden soll. Täufling, Eltern, Geschwister und Paten sollten nach Möglichkeit in die Vorbereitung und Durchführung des Gottesdienstes einbezogen werden.

(2) Haustaufen finden nur in begründeten Ausnahmefällen statt. Darüber entscheiden nach Möglichkeit Kirchenvorstand und Pfarrerin oder Pfarrer gemeinsam.

(3) Taufen in Notfällen können alle Kirchenmitglieder vollziehen, z.B. in Krankenhäusern das Krankenhauspersonal, wenn der Klinikpfarrer oder die -pfarrerin nicht erreichbar ist. Solche Taufen sollen – wenn möglich – in Gegenwart christlicher Zeugen geschehen. Sie sind umgehend dem zuständigen Pfarramt zu melden.

(4) Alle vollzogenen Taufen werden im Sonntagsgottesdienst bekannt gegeben. Die Gemeinde betet für den Täufling, seine Eltern, Patinnen und Paten. Für eine Taufe in Notfällen kann auch eine Danksagung[5] gehalten werden.

---

5. Vgl. Agende Bd. III der VELKD, Teil 1 – Die Taufe –, S. 201ff.

4. Verantwortung der Eltern bzw. Sorgeberechtigten und der Gemeinde bei der Taufe von Kindern

(1) Die Eltern bzw. Sorgeberechtigten bekennen bei der Taufhandlung gemeinsam mit den Patinnen und Paten den christlichen Glauben und verpflichten sich, für die Erziehung des Kindes in diesem Glauben zu sorgen.

(2) Die Eltern bzw. Sorgeberechtigten sind dafür verantwortlich, dass das Kind sich der Bedeutung der Taufe bewusst wird. Sie beten für das Kind und mit ihm, führen es an die biblische Botschaft heran und helfen ihm, einen altersgemäßen Zugang zur Gemeinde zu finden.

(3) Gehört ein Elternteil bzw. Sorgeberechtigter nicht der evangelischen oder einer anderen Kirche an, so ist seine Zustimmung zur Taufe und seine Bereitschaft erforderlich, eine christliche Erziehung des Täuflings nicht zu behindern.

(4) Die Taufe eines religionsunmündigen – noch nicht 14-jährigen – Kindes, dessen Eltern oder Sorgeberechtigte nicht der evangelischen Kirche angehören, darf nur vollzogen werden, wenn die Eltern damit einverstanden sind und Patinnen, Paten oder andere Gemeindeglieder bereit sind, die Mitverantwortung für die evangelische Erziehung des Kindes zu übernehmen.

(5) Religionsmündige Kinder entscheiden selbst über ihre Taufe.

(6) Mit der Taufe von Säuglingen und Kindern übernimmt die Gemeinde eine besondere Verantwortung für die Getauften. Dazu ist eine kontinuierliche Begleitung notwendig. Sie geschieht z. B. durch besondere Angebote der Gemeinde für die Getauften und deren Eltern.

5. Patenamt

(1) Patinnen und Paten sind Zeuginnen und Zeugen des Taufvollzugs und versprechen, bis zur Konfirmation gemeinsam mit den Eltern und im Auftrag der Gemeinde für die Erziehung des Kindes im christlichen Glauben zu sorgen.

(2) Kinder sollen mindestens einen Paten oder eine Patin haben. Ist dies ausnahmsweise nicht erfüllt, können Kinder auch dann getauft werden, wenn mindestens ein Elternteil bzw.

eine Sorgeberechtigte oder ein Sorgeberechtigter Mitglied der
evangelischen Kirche ist. Wenn keine Patin oder kein Pate
vorhanden ist, kann der Kirchenvorstand eine Patin oder einen Paten aus der Gemeinde bestellen.

(3) Bei der Verhinderung von Patinnen oder Paten sind Stellver-
treter oder Stellvertreterinnen als Taufzeugen zu bestellen
und im Kirchenbuch zu vermerken.

(4) Patin oder Pate kann sein, wer der evangelischen Kirche angehört und zum Abendmahl zugelassen ist. Das ist ggf. durch
einen Patenschein (Bescheinigung des zuständigen Pfarramtes über die Berechtigung zum Patenamt) zu dokumentie-
ren.

(5) Auch Glieder einer Mitgliedskirche der Arbeitsgemeinschaft
christlicher Kirchen können nach Maßgabe des kirchlichen
Rechts zum Patenamt zugelassen werden, sofern diese in
Lehre und Praxis dem evangelischen Verständnis der Taufe
nicht widersprechen.

(6) In das Patenamt eines anderen kann niemand eintreten. Ein
übernommenes Patenamt kann nicht aberkannt werden.

(7) Das Patenamt ruht, wenn die Patin oder der Pate die Zulassung zum Abendmahl verliert, insbesondere durch Austritt
aus der Kirche. Paten können auf eigenen Wunsch aus vertretbaren Gründen von ihrem Amt entbunden werden. Dieses ist durch einen Nachtrag im Kirchenbuch zu vermerken.
Wenn kein Pate mehr vorhanden ist, sorgen Eltern und Pfarramt dafür, dass die Aufgaben des Patenamtes dennoch wahrgenommen werden können. Dazu ist die Nachbestellung einer geeigneten Person möglich. Sie ist in das Kirchenbuch
einzutragen.

6. Verantwortung der Gemeinde für nicht getaufte Kinder

(1) Wenn Eltern ihre Kinder nicht in den ersten Lebensjahren
taufen lassen, sondern darauf hinwirken wollen, dass die
Kinder sich später selbst für die Taufe entscheiden, ist die
Gemeinde auch für diese Kinder verantwortlich. Sie lädt sie
zu Gottesdienst und kirchlichem Unterricht ein und hilft den
Eltern, die Kinder auf ihre Taufe vorzubereiten.

(2) Darüber hinaus ist es Aufgabe aller Gemeindeglieder, die Eltern oder Sorgeberechtigten nicht getaufter Kinder bzw. diese selbst auf die Taufe hinzuweisen und zur Taufe einzuladen.

(3) Wo die Ordnung der Gliedkirche es zulässt, kann die Gemeinde auf Wunsch der Eltern Dank und Fürbitte für noch nicht getaufte Kinder im Gottesdienst aussprechen. Dies muss nach Form und Inhalt eindeutig von der Taufe unterschieden sein.

7. Als Getaufte leben

Die Gemeinschaft der Gläubigen zeigt sich darin, dass Christinnen und Christen Menschen einladen, Gottes Zusage anzunehmen, einander an ihre Taufe erinnern, sich gegenseitig helfen, das Gnadenhandeln Gottes zu verstehen, sich gegenseitig trösten und Möglichkeiten der Beteiligung am Gemeindeleben eröffnen.

Für getaufte Kinder kann das in Form eines Taufgedächtnisgottesdienstes Gestalt annehmen.

Auch Erwachsene benötigen Formen, um sich ihrer Taufe zu vergewissern. Mit der Taufe ist jede Christin und jeder Christ berufen, in Fragen des Glaubens sprach- und urteilsfähig zu werden. Die Kirche und die Gemeinde müssen die äußeren Bedingungen dafür schaffen, dass Menschen dieser Berufung folgen können.

8. Taufaufschub bzw. Ablehnung einer Taufe

(1) Die Taufe von Kindern ist aufzuschieben, solange die Eltern oder Sorgeberechtigten die Taufvorbereitung, insbesondere das Taufgespräch verweigern. Die Taufe ist auch aufzuschieben, wenn ein Kind bei der Taufvorbereitung Widerspruch gegen den Vollzug der Taufe erkennen lässt. Sie ist abzulehnen, wenn ein Elternteil oder eine Sorgeberechtigte oder ein Sorgeberechtigter der Taufe widerspricht oder wenn die evangelische Erziehung des Kindes abgelehnt wird.

(2) Die Taufe von Erwachsenen ist aufzuschieben, solange sie nicht an einer Taufvorbereitung teilgenommen haben; sie ist

abzulehnen, wenn sich ergibt, dass der Taufwunsch nicht ernsthaft ist.

(3) Das Bemühen der in Kirche und Gemeinde Verantwortlichen muss dahin gehen, die Gründe für eine Ablehnung der Taufe oder einen Taufaufschub zu beheben, sofern sie nicht im Willen der zu Taufenden selbst begründet sind.

9. Bedenken gegen eine Taufe, Ablehnung und Beschwerde

(1) Die Entscheidung, ob eine Taufe gewährt oder versagt werden soll, trifft die Pfarrerin oder der Pfarrer in seelsorgerlicher Verantwortung. Sie oder er berät sich dabei unter Wahrung der seelsorgerlichen Schweigepflicht mit dem Kirchenvorstand. Gegen die Entscheidung der Pfarrerin oder des Pfarrers, die Taufe nicht zu vollziehen, können die Eltern bzw. Sorgeberechtigten oder der religionsmündige Täufling nach Maßgabe des gliedkirchlichen Rechts Beschwerde bei der Superintendentin oder dem Superintendenten einlegen. Die Superintendentin oder der Superintendent prüft, ob die Taufe aus nach dieser Ordnung zulässigen Gründen abgelehnt wurde.

(2) Kommt die Superintendentin oder der Superintendent zu der Überzeugung, dass die Taufe dennoch vollzogen werden kann, so schafft sie oder er die Voraussetzung, dass die Taufe stattfinden kann.

10. Zuständigkeit und Beurkundung

(1) Die Taufe vollzieht in der Regel die Pfarrerin oder der Pfarrer der Kirchengemeinde, in der der Täufling seinen Hauptwohnsitz hat.

(2) Soll die Taufe von einer anderen Pfarrerin oder einem anderen Pfarrer vollzogen werden, ist entsprechend gliedkirchlichem Recht ein Abmeldeschein (Dimissoriale) des zuständigen Pfarramts erforderlich. Dessen Erteilung darf nur aus Gründen abgelehnt werden, die in Ziffer 8 genannt sind.

(3) Die Taufe wird in das Kirchenbuch der Kirchengemeinde eingetragen, in deren Bereich sie vollzogen wurde. Die zuständige Kirchengemeinde ist zu benachrichtigen. Über die

vollzogene Taufe wird eine Taufurkunde ausgestellt; sie kann im Stammbuch beurkundet werden.

11. Rechtsfolgen der Taufe

(1) Die Taufe begründet gleichzeitig die Mitgliedschaft in einer Kirchengemeinde und Landeskirche mit den sich daraus ergebenden Rechten und Pflichten, wie die Übernahme kirchlicher Ämter und die Kirchensteuerpflicht (vgl. Kapitel Kirchenmitgliedschaft).

(2) Mit der Taufe von Erwachsenen ist die Zulassung zum Abendmahl unmittelbar verbunden.

(3) Eine Taufe, die gemäß dem Taufbefehl im Namen Gottes, des Vaters, des Sohnes und des Heiligen Geistes mit Wasser vollzogen wurde, darf nicht wiederholt werden.

3. Abendmahl

Wahrnehmung der Situation

Seit ihren Anfängen feiert die Christenheit das Abendmahl mit
Brot und Wein. In der evangelischen Kirche hat es in den letzten
Jahrzehnten als Mahl der Gemeinschaft, der Hoffnung und der
Freude neu an Bedeutung gewonnen. Es ist zu beobachten, dass
in vielen Gemeinden das Abendmahl häufiger als früher gefeiert
wird und mehr Gemeindeglieder daran teilnehmen. In immer
mehr Gemeinden sind auch Kinder zum Abendmahl eingeladen.
Vielen Christinnen und Christen ist das Abendmahl zu einem
wesentlichen Bestandteil ihrer Frömmigkeit geworden. Anderen
bleibt sein Sinn hingegen fremd. Sie empfinden Scheu vor dem
gemeinsamen Kelch und der persönlichen Nähe.

Eine vielfältige liturgische Gestaltung, Gesten des Friedens und der Gemeinschaft, neuere Formen bei der Austeilung
von Brot und Wein können jedoch den Zugang erleichtern. Auch
auf Kirchentagen, Freizeiten und Rüstzeiten oder in Gemeinde-
kreisen wird die Feier des Abendmahls als Glaubens- und Lebenshilfe erfahren. Dies gilt auch für Zeiten der Krankheit und
in schwierigen Lebenssituationen.

Viele Gemeindeglieder fragen, warum nicht alle Kirchen
Abendmahlsgemeinschaft untereinander haben. Sie leben z. B.
in einer konfessionsverschiedenen Ehe und können nicht verstehen, warum die gemeinsame Teilnahme am Abendmahl ein Problem ist. Ökumenische Gottesdienste und Begegnungen, gemeinsame Bibelwochen und Gesprächsabende bestärken sie in der
Ansicht, dass die Konfessionsgrenzen gerade bei der Abendmahlsgemeinschaft kein Hinderungsgrund sein dürfen. Der Zusammenhang von Konfessionszugehörigkeit und Zulassung zum
Abendmahl wird immer weniger gesehen und akzeptiert. Auch
Menschen, die nicht getauft sind, aus der Kirche Ausgetretene
oder Mitglieder anderer Kirchen wollen zuweilen an einer
Abendmahlsfeier teilnehmen, z. B. bei einer Konfirmation oder

auf Kirchentagen. Die christliche Gemeinde steht vor der Aufgabe, bei der Einladung zum Abendmahl im Blick zu behalten, dass es grundsätzlich die Feier derer ist, die sich zu Christus als ihrem Herrn bekennen.

Weil die gemeinsame Feier des Abendmahles als Zeichen der Einheit der Kirche von vielen Christinnen und Christen erhofft wird, ist das Abendmahl ein zentrales Thema vieler ökumenischer Gespräche. Ihr Ziel besteht darin, sich im Verständnis des Abendmahls so weit aufeinander zuzubewegen, dass es trotz konfessioneller Unterschiede gemeinsam gefeiert werden kann.

Biblische Grundlagen und theologische Orientierung

Nach der von Paulus in 1 Kor 11,23-26 zitierten Überlieferung und den Erzählungen der ersten drei Evangelien (Mt 26,17-30; Mk 14,22-25; Lk 22,7-20) hat Jesus in der Nacht vor seiner Kreuzigung mit seinen Jüngern ein Abschiedsmahl gefeiert. In den synoptischen Evangelien geschieht dies nach dem Brauch des jüdischen Passahfestes. Während der Feier reichte er ihnen das Brot und den Kelch mit Worten, an die sich die christliche Gemeinde von ihren Anfängen bis heute bei jeder Feier des Abendmahles unter Anrufung des Heiligen Geistes erinnert. In Luthers deutscher Fassung der Messe lauten sie: »Unser Herr Jesus Christus, in der Nacht, da er verraten ward, nahm er das Brot, dankte und brach's und gab's seinen Jüngern und sprach: Nehmet hin und esset. Das ist mein Leib, der für euch gegeben wird. Solches tut zu meinem Gedächtnis. Desgleichen nahm er auch den Kelch nach dem Abendmahl, dankte und gab ihnen den und sprach: Nehmet hin und trinket alle daraus, dieser Kelch ist der neue Bund / das neue Testament in meinem Blut, das für euch vergossen wird zur Vergebung der Sünden. Solches tut, sooft ihr's trinket, zu meinem Gedächtnis.« (Vgl. Evangelisches Gottesdienstbuch, S. 80).

Im Augsburgischen Bekenntnis Artikel 10 heißt es: »Vom Abendmahl des Herrn wird so gelehrt, dass der wahre Leib und das wahre Blut Christi wirklich unter der Gestalt des Brotes und

Weines im Abendmahl gegenwärtig ist und dort ausgeteilt und
empfangen wird.« So schenkt sich uns Jesus Christus selbst »in
seinem für alle dahingegebenen Leib und Blut durch sein ver-
heißendes Wort.« (Leuenberger Konkordie Nr. 18.) Er ist zugleich
Gabe und Gastgeber. Indem die im Gottesdienst versammelte
christliche Gemeinde Abendmahl feiert, erinnert sie sich an das
Leiden und Sterben Jesu. Sie verkündigt damit, dass durch den
Tod Jesu Christi Gott die Welt mit sich versöhnt und einen neu-
en Bund mit ihr begründet hat (1 Kor 11,26; 2 Kor 5,19-20). So
empfangen wir im Abendmahl durch Jesus Christus die Vergebung der Sünden sowie die Erweckung und Stärkung unseres
Glaubens (Augsburger Bekenntnis Artikel 10; 13).

Wir erleben die in der Taufe begründete Zusammengehörigkeit mit ihm und untereinander immer wieder neu (1 Kor 10,16)
und freuen uns dankbar über die Vergewisserung unserer Hoffnung auf das endgültig gemeinsame Leben mit ihm in seinem
zukünftig vollendeten Reich.

So ist das Abendmahl Sakrament: Es ist Gottes freie Handlung, in der der Heilige Geist an uns Menschen wirkt. Zur Handlung gehört das Wort, mit dem Jesus Christus das Brot und den
Kelch an seine Jünger reichte. Die darin enthaltene Verheißung
gilt auch uns heute.

Die besondere Wertschätzung der Gabe des Abendmahls
kommt in der persönlichen Vorbereitung auf den Abendmahls-
empfang zum Ausdruck. Dazu gehört der Wille zur Versöhnung,
wo Streit ist, und das Bekenntnis eigener Schuld in der gemeinsamen Beichte während des Gottesdienstes.

Der Versöhnung und Gemeinschaft stiftende Charakter des
Abendmahles verwirklicht sich im Teilen des Brotes und im Trin-
ken aus dem gemeinsamen Kelch. Dadurch verpflichtet und be-
stärkt die Feier des Abendmahles die Teilnehmenden, so zu leben, dass auch ihr Verhalten ihrer Zugehörigkeit zur Gemeinde
und damit zum Leib Christi entspricht (1 Kor 10;11).

In diesem Zusammenhang berichtet das Neue Testament
von Mahlzeiten der Getauften, die als Sättigungsmahl gefeiert
wurden. Dabei wurden mitgebrachte Speisen geschwisterlich
geteilt. Da die Verbindung dieser »Agape-Mahle« (von griech.

agape = Liebe) mit dem Abendmahl auch zu Streitigkeiten führte, trat der Apostel Paulus für eine deutliche Unterscheidung von Abendmahl und Agapemahl ein (1 Kor 11,17-22).

Dennoch ist das Sakrament des Abendmahles auch im Zusammenhang der Mahlzeiten, die Jesus während seiner gesamten Wirksamkeit mit vielen Menschen gehalten hat, zu verstehen. In Jesu Offenheit auch gegenüber Zöllnern und Sündern (z.B. Lk 19,1-10) wird die bedingungslose Liebe Gottes zu allen Menschen erfahrbar, mit der er durch Jesus Christus Gemeinschaft der Menschen mit sich und untereinander im Zeichen seiner angebrochenen Herrschaft stiftet.

Regelungen[6]

1. Abendmahlsfeier

(1) Das Abendmahl wird nach der geltenden Agende gefeiert.

(2) Für den Wortlaut der Einsetzungsworte gilt die agendarische Form.

(3) Die Elemente des Abendmahls sind Brot und Wein.

(4) Die Verantwortung für die einsetzungsgemäße Feier des Abendmahls liegt bei den für diesen Dienst Ordinierten oder Beauftragten. Sie sprechen die Einsetzungsworte über den Abendmahlselementen und leiten die Austeilung.

(5) Bei der Austeilung des Abendmahls können nach entsprechender Vorbereitung Kirchenvorsteherinnen und Kirchenvorsteher und andere Gemeindemitglieder mitwirken.

(6) Belange der Hygiene sind bei der Austeilung zu beachten.

(7) Mit den übrig gebliebenen Elementen ist auch nach der Abendmahlsfeier sorgsam umzugehen.

---

6. Vgl. Augsburger Bekenntnis Artikel 7;14 (Evangelisches Gesangbuch Nr. 906, Ausgabe der Evangelisch-Lutherischen Kirche in Bayern); Handreichung der Bischofskonferenz der VELKD »Das Heilige Abendmahl«, 1990; Evangelisches Gottesdienstbuch, S.229 ff.

2. Sonderformen der Austeilung und des Empfangs[7]

(1) Statt Wein kann aus seelsorgerlichen Gründen Traubensaft gereicht werden. Dabei können Wein und Traubensaft in verschiedenen Gruppen ausgeteilt werden.

(2) Zur Austeilung kann auch ein Gießkelch mit Einzelkelchen benutzt werden; der Gemeinschaftscharakter des Abendmahls ist dabei zu wahren.

(3) Auch das Eintauchen des Brotes in den Kelch (intinctio) ist eine mögliche Form der Teilhabe am Abendmahl.

(4) Im Ausnahmefall ist der Empfang des Abendmahls in nur einer Gestalt (Brot oder Wein) gültig.

3. Zulassung zum Abendmahl[8]

(1) Zum Abendmahl eingeladen sind alle getauften Glieder der evangelischen Kirche und anderer Kirchen, mit denen Kanzel- und Abendmahlsgemeinschaft besteht. Dies sind die im LWB zusammengeschlossenen und die in der Leuenberger Kirchengemeinschaft verbundenen reformatorischen Kirchen. Mit anderen Kirchen, z. B. der Altkatholischen Kirche, den Anglikanischen Kirchen und den Arbeitsgemeinschaften mennonitischer Gemeinden ist eucharistische Gastbereitschaft vereinbart. Im Rahmen solcher Gastbereitschaft sind auch Glieder christlicher Kirchen eingeladen, mit denen noch keine Kanzel- und Abendmahlsgemeinschaft besteht, selbst wenn die Gastbereitschaft offiziell nicht erwidert wird.

(2) Zum Abendmahl zugelassen sind Kirchenglieder, die konfirmiert oder im Erwachsenenalter getauft wurden.

(3) Erwachsene Gemeindeglieder, die nicht konfirmiert sind, können durch die Pfarrerin oder den Pfarrer im Benehmen mit dem Kirchenvorstand nach gliedkirchlichem Recht zum Abendmahl zugelassen werden, wenn sie genügend vorbereitet und unterwiesen wurden.

---

7. Vgl. Handreichung der VELKD »Das Heilige Abendmahl in der Seelsorge an Alkoholgefährdeten«, 1979 (Texte aus der VELKD Nr. 8).
8. Handreichung der Generalsynode der VELKD »Teilnahme von Kindern am Heiligen Abendmahl«, 1977.

(4) Während des Konfirmandenunterrichts und der Konfirmandenarbeit kann das Abendmahl auch schon vor der Konfirmation gefeiert werden (vgl. Abschnitt Konfirmation).

(5) Getaufte Kinder können nach gliedkirchlichem Recht[9] in Begleitung ihrer Eltern oder anderer christlicher Bezugspersonen am Abendmahl teilnehmen, wenn sie entsprechend darauf vorbereitet worden und imstande sind, in der ihnen gemäßen Weise die Gabe des Abendmahls zu erfassen. Anderen Kindern kann mit einem Segenswort die Hand aufgelegt werden, wenn sie mit zum Altar treten. Dasselbe gilt auch für ungetaufte Kinder und Erwachsene.

(6) Durch Ausschluss vom Abendmahl oder Kirchenaustritt ist die Zulassung zum Abendmahl verloren. Sie wird bei Wiederaufnahme in die Kirche erneut zugesprochen.

4. Abendmahl für Kranke und Sterbende

Kranken und Sterbenden soll das Abendmahl gereicht werden, wann immer sie dies wünschen. Angehörige, Pflegende und Gemeindemitglieder sollen nach Möglichkeit einbezogen werden. Gestaltungshilfe bietet die Agende für den Dienst an Kranken.

5. Abendmahl und Agapemahl

Das Agapemahl ist deutlich vom Abendmahl zu unterscheiden und kann nicht als Ersatz für das Abendmahl in Gruppen mit Nichtgetauften dienen.

---

9. S. für die ELKB: Empfehlung der Landessynode zur Zulassung von Kindern zum Abendmahl (November 2000 – Anlage 2, S. 177ff.).

B. Das Leben in der Gemeinde

Foto: © Zefa/Index Stock, Düsseldorf

1. Lernen, Lehren, Konfirmieren

Wahrnehmung der Situation

Es entspricht dem kirchlichen Auftrag, alle Getauften zu begleiten und allen Ungetauften offen und einladend zu begegnen. Die evangelischen Kirchen wollen damit zu einem selbstständigen Glauben und zu einem christlich verantworteten Leben in Gemeinde und Familie, in Beruf und Öffentlichkeit verhelfen. Sie wenden sich dabei an alle Altersgruppen. Auch Menschen, die nicht der Kirche angehören, können an ihren Bildungsangeboten teilnehmen.

Die kirchliche Arbeit mit Kindern und Jugendlichen versucht, junge Menschen in ihren Bedürfnissen und Fragen wahrzunehmen. Sie will ein altersgemäßes Verstehen und Annehmen der Inhalte des Glaubens eröffnen. Da die Familie nicht mehr selbstverständlich der Ort ist, an dem durch Großeltern, Eltern und Paten Glaube vermittelt wird, begegnen Kinder und Jugendliche der biblischen Botschaft und gelebtem Glauben oft erst in gemeindlichen Veranstaltungen, im Religionsunterricht oder durch Erzählungen ihrer Altersgefährten. Deshalb stehen die Gemeinden vor der Aufgabe, die Heranwachsenden in ihren Veranstaltungen in besonderer Weise im Blick zu haben. Sie laden sie ein in Gottesdienste, Kinderbibelwochen, Jugendabende und zu vielen anderen Veranstaltungen. Die Christenlehre hat sich in Ostdeutschland als eine wirksame Form der Einübung in christliches Leben erwiesen. Kinder und Jugendliche entdecken in der Gemeinschaft und in der Begegnung der Generationen untereinander am besten, wie Christinnen und Christen in ihren persönlichen und gesellschaftlichen Beziehungen verantwortlich vor Gott leben. Dabei kommt ihre Wirklichkeit in der Auseinandersetzung mit der biblischen Botschaft zur Sprache. Spezielle Methoden der Pädagogik fördern hierbei erlebnisorientierte Lernprozesse.

Ein besonderes Anliegen der evangelischen Kirche ist die enge Verknüpfung von christlicher Erziehung in Familie und

Gemeinde mit religiöser Bildung in Kindertagesstätten und Schulen, insbesondere christlichen Schulen. Durch verstärktes Engagement in solchen Einrichtungen versucht die Kirche auch hier, durch religionspädagogische Angebote mit den Eltern bzw. den Sorgeberechtigten über Fragen christlicher Erziehung ins Gespräch zu kommen.

Im Religionsunterricht am Lern- und Lebensort Schule begegnen die Schülerinnen und Schüler der biblischen Überlieferung und den Wirkungen des Christentums. Unter den Bedingungen und im Rahmen des gesamtgesellschaftlichen Bildungsauftrages wird der in den öffentlichen Schulen erteilte Religionsunterricht von den Kirchen mitverantwortet und in Übereinstimmung mit ihren Grundsätzen erteilt. Die Kirchen nehmen ihre Mitverantwortung für den Religionsunterricht u. a. wahr durch Mitarbeit an den Rahmenplänen, durch Beteiligung an der Fortbildung der Religionslehrer und -lehrerinnen, durch Angebote von Schulgottesdiensten und Mitwirkung an schulischen und außerschulischen Projekten.

In manchen Bundesländern gibt es angesichts der konfessionellen Ungebundenheit der Mehrzahl der Schülerinnen und Schüler Versuche der gesetzgebenden Organe, anstelle bzw. neben dem konfessionellen Religionsunterricht ein über lebenskundliche, ethische und religiöse Fragen rein informierendes Schulfach einzuführen. Die weithin übliche Bekenntnisgebundenheit des Religionsunterrichtes lässt Schülerinnen und Schüler an ihren Lehrerinnen und Lehrern erleben, dass sich religiöse Inhalte nicht losgelöst von der persönlichen Haltung der Unterrichtenden vermitteln lassen. So gibt der Religionsunterricht jungen Menschen Gelegenheit, auch in Fragen religiöser Überzeugung sprachfähig zu werden, Antworten auf Lebensfragen zu finden und Orientierung für gesellschaftliches Handeln zu gewinnen. In Landeskirchen, in denen Religionsunterricht und Christenlehre bzw. andere altersspezifische Angebote der Gemeinde nebeneinander stattfinden, schließen sie deshalb einander nicht aus, sondern ergänzen sich gegenseitig.

Einen besonderen Akzent erhält die Arbeit mit Kindern und Jugendlichen durch die Konfirmation. Volkskirchlich und

biografisch gilt sie vor allem als Segenshandlung in der lebensgeschichtlich wichtigen Übergangssituation von der Kindheit zum
Erwachsenenalter. Sie ist ein gesellschaftlich bedeutsames Fest,
das als Familienfeier wahrgenommen wird und für den Großteil
der Kirchenmitglieder zum Evangelischsein dazugehört. Ein
wichtiges Ziel, das von Seiten der Kirche mit der Konfirmation
verfolgt wird, besteht darin, die Heranwachsenden als mündige
Christinnen und Christen in die Gemeinden zu integrieren. Da
dies nur schwer erreichbar ist, wird seit langem kontrovers diskutiert, ob nicht ein anderes als das jetzt übliche Lebensalter für
die Konfirmation besser geeignet wäre. Die Erfahrung, dass die
persönliche Annahme der eigenen Taufe, wie sie in der Konfirmation geschehen soll, nicht auf ein bestimmtes Alter fixierbar
ist, bestätigt die Praxis, dass die Konfirmation eingebettet sein
muss in eine umfassende Konfirmandenarbeit: in kirchlichen
Unterricht und vielfältige andere Formen der Jugendarbeit. Diese
Konfirmandenzeit wird als eine vom Evangelium geprägte Begleitung in einer besonderen Lebensphase verstanden. Die meisten Kirchenmitglieder haben die Pfarrerin oder den Pfarrer ihrer
Konfirmandenzeit in guter Erinnerung. Was sie in dieser Zeit
erlebt und gelernt haben, ist oftmals von bleibender Bedeutung
für ihr Leben.

Die Konfirmation ist in den westlichen Bundesländern
weitaus stärker im volkskirchlichen Bewusstsein verankert als
in den östlichen. Viele Jugendliche nehmen hier statt an der Konfirmation an der Jugendweihe teil. In der DDR wurde mit ihr
durch das Ablegen eines öffentlichen Gelöbnisses ein Bekenntnis zum sozialistischen Staat verlangt. Sie wurde als Bestandteil sozialistischer Erziehung weitgehend durchgesetzt. Seit der
politischen Wende von 1989/90 wird versucht, wieder an ihre
ursprünglichen Wurzeln anzuknüpfen. Der Prozess der zunehmenden Säkularisierung bringt es mit sich, dass auch in den westlichen Bundesländern für Alternativen zur Konfirmation gewor-
ben wird. Unabhängig von dieser Entwicklung halten die Kirchen am Angebot der Konfirmation und Konfirmandenzeit fest.
Die dadurch ermöglichte intensive Begleitung der Heranwachsenden hilft zu einem in christlicher Verantwortung geführten

Leben und wird so zu einem wichtigen, die Gesellschaft in ihrer Gesamtheit prägenden Faktor.

Biblische Grundlagen und theologische Orientierung

Gott sucht, stärkt und tröstet den Menschen sein Leben lang. Er will, dass Menschen die ihnen in der Taufe ein für alle Mal geschenkte Gnade annehmen und sich mit ihrem Leben auf sie einlassen, ständig »in die Taufe zurückkriechen«, wie es Luther ausgedrückt hat.

Damit sich Menschen zum christlichen Glauben bekennen können, muss er ihnen zuvor nahe gebracht worden sein. Nach biblischem Verständnis sind dabei Lehr- und Lernprozesse wesentlich (vgl. Dtn 6,20-25; Mt 4,23; 5,2; Joh 14,26; 2 Tim 3,14-16). Sie umfassen alle Lebensphasen, erfolgen im sich ständig verändernden lebensgeschichtlichen Kontext und verstehen sich als Lebensbegleitung und Anstoß zur Erneuerung. Die Bildungsverantwortung der Kirche bezieht sich dabei nicht nur auf ihre getauften Mitglieder. Indem sie sich an alle Menschen wenden soll (Mt 28,18-20), nimmt sie teil an der öffentlichen Bildung.

Es ist eine der wichtigsten Aufgaben der Kirche, jungen Menschen das Evangelium als Leben gründende und orientierende Kraft zu vermitteln. Mit der Taufe von kleinen Kindern übernimmt sie hierbei eine spezielle Verantwortung für die heranwachsenden Getauften. Die erste Begegnung mit dem christlichen Glauben kann so durch Eltern, Patinnen und Paten, aber auch durch die Gemeinde geschehen. Das heranwachsende Kind soll erleben, wie der Glaube an Jesus Christus denen wichtig ist, mit denen es täglich zusammenlebt. Die Gemeinde erfüllt ihren Bildungsauftrag, indem sie mit ihren Angeboten auch auf ungetaufte Kinder, Jugendliche und ihre Familien zugeht, wenn sie verschiedene Sichtweisen auf das Leben ernst nimmt, Erfahrungsräume für den Glauben eröffnet und die heranwachsende Generation in altersgemäßer und möglichst vielfältiger Weise begleitet, nicht zuletzt in ihren Gottesdiensten. Die Christenlehre mit

ihrer kindgemäßen Ausrichtung, wie sie sich in den östlichen
Landeskirchen entwickelt hat, ermöglicht hierbei eine zielgerich-
tete Vermittlung des christlichen Glaubens im Lebensvollzug der
Gemeinde.

Die kirchliche Arbeit mit Konfirmandinnen und Konfirmanden eröffnet für Jugendliche die Möglichkeit, ihre bereits
erfolgte Taufe zu verstehen bzw. sich auf sie vorzubereiten. Der
Unterricht hat den Sinn, zum einen Kenntnisse und Verständnis
des Glaubens zu vermitteln und die Konfirmandinnen und Konfirmanden ins Leben der Gemeinde einzuführen, zum anderen
sie auf dem Weg ins Erwachsenwerden zu begleiten. Dazu gehören Kenntnisse über die zentralen Inhalte des christlichen Glaubens, die Praxis des Gebets und eine ethische Orientierung.

Eine unmittelbare biblische Grundlage gibt es für die
Konfirmation nicht, weil die frühe Christenheit wahrscheinlich
nur die Erwachsenentaufe kannte, bei der die Taufhandlung und
das Bekenntnis des Täuflings zusammenfielen. Dennoch kann
die Konfirmation theologisch begründet werden: Zum Zuspruch
der Gnade gehört auch die Antwort. Das holt die Konfirmation
mit der Unterweisung und dem Bekenntnis der Getauften nach
(vgl. Mt 28,18-20).

Die Anfänge der Konfirmation reichen bis in die Refor-
mationszeit zurück. Man knüpfte damit an die Firmung in der
katholischen Kirche an, die ihrerseits eine Konsequenz aus der
seit dem dritten Jahrhundert üblich gewordenen Kindertaufe war.
Im Unterschied zur Firmung versteht die evangelische Kirche
die Konfirmation nicht als Sakrament, weil dadurch nach ihrer
Auffassung die Taufe entwertet würde. Sie bezieht jedoch die
Konfirmation auf die Sakramente Taufe und Abendmahl. Da der
vorauslaufende Konfirmandenunterricht in die Bedeutung des
Abendmahls einführt, eröffnet dieser den Zugang zum Abendmahl. Martin Luther hat im Großen Katechismus im 5. Haupt-
stück zum Abendmahl immer wieder betont: Man muss wissen,
was man sucht oder warum man zum Abendmahl kommt. Das
gehört zum würdigen Empfang dazu. Wenn eine entsprechende
Unterweisung erfolgt ist, können daher auch getaufte nichtkon-
firmierte Kinder am Abendmahl teilnehmen.

Im Konfirmationsgottesdienst hören die Konfirmandinnen und Konfirmanden den Zuspruch Gottes, der ihnen schon bei ihrer Taufe gesagt wurde, erneut und werden so in ihrem Glauben gefestigt (konfirmiert). Sie antworten auf Gottes Gnade, indem sie öffentlich in das Glaubensbekenntnis der Kirche einstimmen, empfangen unter Handauflegung Gottes Segen für ihren Lebensweg und feiern mit der Gemeinde das Abendmahl. Diese erbittet für sie den Beistand des Heiligen Geistes. Später wird die Feier der silbernen und goldenen Konfirmation Gelegenheit bieten zur Erinnerung und zum Dank für die Güte Gottes.

Die Verantwortung der Kirche für die Entwicklung eines mündigen Glaubens ist mit der Konfirmation nicht erschöpft. Vielmehr umfasst sie – ähnlich dem Konzept »lebenslanges Lernen« im weltlichen Bildungsbereich – alle Lebensphasen. Sie wird durch Jugendarbeit, Gemeindeveranstaltungen und Glaubensseminare wahrgenommen. Mit übergemeindlichen Angeboten wie Akademieveranstaltungen sowie Beiträgen in den Medien macht die Kirche deutlich, dass ihre Bildungsverantwortung die ganze Gesellschaft betrifft.

Regelungen[10]

1. Gemeindliche Arbeit mit Kindern und Jugendlichen[11]

(1) Die Hinführung zum Glauben beginnt im Kindesalter. Es ist die Aufgabe vor allem der Eltern bzw. Sorgeberechtigten, Patinnen und Paten, biblische Geschichten zu erzählen, für die Kinder und mit ihnen zu beten und Gottesdienste zu besuchen. Die Eltern bzw. Sorgeberechtigten sollen dabei von der Gemeinde unterstützt werden.

(2) Die gemeindliche Arbeit mit Kindern und Jugendlichen soll Getaufte und Ungetaufte in einer ihnen gemäßen Art mit den zentralen Aussagen des christlichen Glaubens und dem Leben der Gemeinde vertraut machen.

10. Vgl. Agende Bd. III der VELKD – Konfirmation –, 2001.
11. Vgl. für die ELKB: Wort der Landessynode zum Thema »Jungsein und Kirche« vom 28.April 1999 (Anlage 3, S. 180f.).

(3) Dies geschieht durch berufliche und ehrenamtliche Mitarbeiterinnen und Mitarbeiter.

(4) Kinder und Jugendliche sollen in vielfältigen Formen begleitet werden, z. B. durch Kindergottesdienste, Kindertagesstätten, Vorschulgruppen, Christenlehre, Kinderchöre und
Instrumentalgruppen, Jungschar, Kindertage, Kinderbibelwochen und Freizeiten.

2. Religionsunterricht in der Schule

(1) Die Kirche nimmt nach den verfassungsrechtlichen und gesetzlichen Vorgaben Mitverantwortung für den Religionsunterricht wahr.

(2) Der Religionsunterricht soll Kindern und Jugendlichen ermöglichen, die Grundlagen christlichen Glaubens zu verstehen, Antworten auf Lebensfragen zu finden und Orientierung für gesellschaftliches Handeln zu gewinnen.

(3) Die Gemeinde begleitet die den Religionsunterricht ertei-
lenden Lehrerinnen und Lehrer, z. B. durch religionspädagogische Arbeitsgemeinschaften.

(4) Die Gemeinde hält Kontakt zu den Schulen in ihrem Bereich.

(5) Pfarrerinnen und Pfarrer sowie kirchliche Mitarbeiterinnen
und Mitarbeiter erteilen nach gliedkirchlichem Recht Religionsunterricht in den Schulen.

3. Gemeindliche Arbeit mit Konfirmandinnen und Konfir-manden[12]

Die Konfirmandenarbeit soll durch Unterricht und andere Arbeitsformen die Konfirmandinnen und Konfirmanden in einer ihnen gemäßen Art mit den zentralen Aussagen des christlichen Glaubens
und dem Leben in der Gemeinde vertraut machen und ihnen helfen,
in eigener Verantwortung als Christinnen und Christen zu leben.

---

12. Vgl. für die ELKB: Rahmenrichtlinien für die Arbeit mit Konfirmanden und
Konfirmandinnen in der Evangelisch-Lutherischen Kirche in Bayern vom
17.3.1998 (RS 212)

4. Einladung und Anmeldung

(1) Die Einladung, an der Konfirmandenzeit teilzunehmen, richtet sich an alle getauften und ungetauften Jugendlichen in der Regel ab dem 13. Lebensjahr; für eine zweiphasige Konfirmandenzeit können bereits die 9- bis 10-Jährigen eingeladen werden.

(2) Die in der Kirchengemeinde gemeinsam mit der Pfarrerin oder dem Pfarrer für die Konfirmandenarbeit Verantwortlichen informieren die künftigen Konfirmandinnen und Konfirmanden sowie deren Eltern bzw. Sorgeberechtigte über Ziele und Inhalte und verständigen sich mit ihnen über die Bedingungen der Teilnahme.

(3) Die Kinder und Jugendlichen sind durch ihre Eltern bzw. Sorgeberechtigten beim zuständigen Pfarramt anzumelden. Religionsmündige (nach Vollendung des 14. Lebensjahres) können sich mit Zustimmung der Eltern selbst anmelden.

(4) Es ist erwünscht, dass die Jugendlichen vorher an der Christenlehre und/oder dem evangelischen Religionsunterricht teilgenommen haben.

(5) Die Eltern bzw. Sorgeberechtigten sind über den Fortgang der Konfirmandenarbeit sowie über Projekte und Fahrten z. B. durch Elternabende zu unterrichten. Sie sollen ihre Kinder in der Konfirmandenzeit durch Gespräche und gemeinsame Gottesdienstbesuche begleiten.

5. Rahmenbedingungen und Inhalte

(1) Für die Organisation und die äußeren Rahmenbedingungen der Konfirmandenzeit haben Pfarrerin oder Pfarrer und der Kirchenvorstand nach Maßgabe des gliedkirchlichen Rechts gemeinsam Sorge zu tragen. Der Unterricht soll dem Alter und den unterschiedlichen Lebens- und Lernbedingungen der Jugendlichen entsprechend gestaltet werden.

(2) Für die in der Konfirmandenzeit zu behandelnden Inhalte sind die gliedkirchlichen Bestimmungen zu beachten. Unbeschadet dessen müssen die Konfirmandinnen und Konfirmanden während der Konfirmandenzeit mit den Zehn Geboten, dem Glaubensbekenntnis, dem Vaterunser, der Taufe

und dem Abendmahl sowie mit der Beichte so weit vertraut gemacht werden, dass sie deren Bedeutung für ihr Leben erkennen und eine verantwortete Entscheidung für ihre Konfirmation treffen können.

6. Teilnahme an Gottesdienst und Abendmahl

(1) Die Konfirmandinnen und Konfirmanden sollen regelmäßig an Gottesdiensten teilnehmen. Hier sind ihre Anliegen und Fragen aufzunehmen. Sie sind nach Möglichkeit an der Gestaltung von Gottesdiensten zu beteiligen. Auch ihre Eltern sollen zum Gottesdienst eingeladen werden.

(2) Die Voraussetzungen für die Teilnahme am Abendmahl sind die Taufe und die Unterweisung über Sinn und Bedeutung des Abendmahls.

(3) Die Abendmahlsunterweisung muss auch dann ein Teil der Konfirmandenarbeit sein, wenn in der Gemeinde Kinder zum Abendmahl entsprechend den gliedkirchlichen Regelungen zugelassen sind.

7. Zuständigkeit und Mitarbeit

(1) Für Inhalte und Ziele der Arbeit mit Konfirmandinnen und Konfirmanden sind gemäß gliedkirchlichem Recht die Pfarrerin oder der Pfarrer und der Kirchenvorstand der Kirchengemeinde zuständig. Andere Haupt- und Ehrenamtliche, z. B. auch Jugendliche und Eltern, sollen verantwortlich mitarbeiten.

(2) Die Arbeit mit Konfirmandinnen und Konfirmanden kann für mehrere Pfarrbezirke oder Gemeinden gemeinsam geplant und durchgeführt werden.

(3) Wollen Jugendliche an der Konfirmandenzeit einer anderen Gemeinde teilnehmen, kann ein Abmeldeschein (Dimissoriale) des zuständigen Pfarramtes erforderlich sein. Dieser Abmeldeschein darf nur aus solchen Gründen verweigert werden, aus denen auch eine Konfirmation verweigert würde.

(4) Haupt- und ehrenamtliche Mitarbeiterinnen und Mitarbeiter der Kirchengemeinde gestalten die Konfirmandenarbeit ge-

meinsam. Dabei sollen sie die Konfirmandinnen und Konfirmanden als besondere Gruppe der Kirchengemeinde mit dem, was sie an Einstellungen, Erfahrungen und Anfragen mitbringen, ernst nehmen.

8. Vorstellung der Konfirmandinnen und Konfirmanden

(1) Zu Beginn der Konfirmandenzeit findet gemäß der Konfirmationsagende ein besonderer Gottesdienst statt.

(2) Die Konfirmandinnen und Konfirmanden gestalten nach ihren Möglichkeiten gegen Ende der Unterrichtszeit einen Gottesdienst. Die Gemeinde soll etwas davon erfahren, wie die Konfirmandinnen und Konfirmanden Inhalte des christlichen Glaubens für sich erschlossen haben, und soll dabei selbst an diese erinnert werden. Nach gliedkirchlichem Recht kann dieser Gottesdienst mit einer Prüfung verbunden sein.

9. Konfirmationsgottesdienst

(1) Der Konfirmationsgottesdienst ist ein Gottesdienst der Gemeinde. Er wird nach der geltenden Agende gehalten.

(2) Zur Konfirmation gehört die Einladung zur Feier des Abendmahls im Konfirmationsgottesdienst selbst oder in unmittelbarer zeitlicher Nähe, z. B. in Verbindung mit einem Beichtgottesdienst.

(3) Der Kirchenvorstand entscheidet über den Zeitpunkt des Konfirmationsgottesdienstes im Kirchenjahr nach Maßgabe des gliedkirchlichen Rechtes.

10. Voraussetzungen für die Konfirmation, Zurückstellung und Ablehnung

(1) Die Konfirmation setzt die Taufe voraus. Sind Jugendliche noch nicht getauft, so können sie im Konfirmationsgottesdienst getauft werden. Der Taufsegen wird dann in den Konfirmationssegen einbezogen.

(2) Die Konfirmandinnen und Konfirmanden müssen regelmäßig am Unterricht und den für die Konfirmandenzeit verbindlichen Veranstaltungen in der Gemeinde teilgenommen, sich angemessen am Gemeindeleben beteiligt und sich mit

den Grundlagen und Lebensvollzügen des christlichen Glaubens vertraut gemacht haben.

(3) Hat die Pfarrerin oder der Pfarrer im Einzelfall Bedenken, die Konfirmation zu vollziehen, so hat ein Gespräch mit der Konfirmandin oder dem Konfirmanden und ggf. mit den Eltern bzw. Sorgeberechtigten stattzufinden. Kommt die Pfarrerin oder der Pfarrer zu der Überzeugung, dass die Konfirmation zurückgestellt oder abgelehnt werden muss, so berät sie oder er sich mit dem Kirchenvorstand und entscheidet über die Zulassung zur Konfirmation. Gegen diese Entscheidung können die Eltern bzw. Sorgeberechtigten oder im Fall der Religionsmündigkeit die oder der Betroffene selbst nach Maßgabe des gliedkirchlichen Rechtes Beschwerde bei der Superintendentin oder dem Superintendenten einlegen. Deren Entscheidung über die Beschwerde ist endgültig.

(4) Kommt die Superintendentin oder der Superintendent zu der Überzeugung, dass die Konfirmation vollzogen werden kann, so schafft sie oder er die Möglichkeit dafür.

11. Folgen der Konfirmation

Die Konfirmation berechtigt zur Teilnahme am Abendmahl in eigener Verantwortung und zur Übernahme des Patenamtes. Sie ist – je nach Maßgabe des gliedkirchlichen Rechtes – eine der Voraussetzungen für das kirchliche Wahlrecht und die Übernahme weiterer kirchlicher Ämter.

12. Beurkundung und Bescheinigung

(1) Die Konfirmation wird nach der Kirchenbuchordnung beurkundet. Es wird eine Konfirmationsurkunde ausgestellt.

(2) Konfirmandinnen und Konfirmanden, die sich nicht oder zu einem späteren Zeitpunkt konfirmieren lassen wollen, erhalten über die Teilnahme an der Konfirmandenarbeit eine Bescheinigung.

13. Konfirmation und Jugendarbeit

(1) Die Gemeinde soll entsprechend ihrer Verantwortung für die Konfirmierten Jugendarbeit anbieten. Das kann in Verbin-

dung mit anderen Gemeinden oder auf Kirchenkreisebene geschehen.

(2) Die Jugendlichen sollen Gelegenheit zur verantwortlichen Mitarbeit in der Gemeinde erhalten.

14. Konfirmation Erwachsener

(1) Erwachsene Gemeindeglieder, die getauft, aber bisher nicht konfirmiert sind, können nach entsprechender Vorbereitung und nach Information des Kirchenvorstandes konfirmiert werden.

(2) Werden Erwachsene getauft, so erübrigt sich die Konfirmation, weil hier Taufakt und Glaubensbekenntnis zusammenfallen.

15. Konfirmation, Jugendweihe, Jugendfeier

(1) Wo neben der Konfirmation die Jugendweihe angeboten wird, sind Eltern und Jugendliche bei der Anmeldung zur Konfirmation darauf hinzuweisen, dass Konfirmation und Jugendweihe in einem inhaltlichen Widerspruch zueinander stehen.

(2) Gibt eine Konfirmandin oder ein Konfirmand zu erkennen, dass sie oder er an der Jugendweihe teilnehmen will, wirkt die Pfarrerin oder der Pfarrer darauf hin, dass eine alleinige Entscheidung für die Konfirmation stattfindet.

(3) Hat sich eine Konfirmandin oder ein Konfirmand neben der Konfirmation auch für die Teilnahme an der Jugendweihe entschieden, müssen Bedenken gegen den Vollzug der Konfirmation geltend gemacht werden.

(4) Nimmt eine Konfirmandin oder ein Konfirmand an einem Schuljahrgangsfest oder einer Jugendfeier teil, bestehen Bedenken gegen den Vollzug der Konfirmation nur dann, wenn ein Widerspruch zum christlichen Bekenntnis gegeben ist.

(5) Bei Bedenken gegen den Vollzug der Konfirmation gelten die Bestimmungen von Abschnitt 10 Absätze (2) und (3). Der Entscheidung muss in jedem Einzelfall eine Prüfung unter seelsorgerlichen Gesichtspunkten unter Berücksichtigung der persönlichen Gründe vorangehen.

2. Ehe, Familie, Partnerschaft[13]

Wahrnehmung der Situation

Ehe und Familie

Ehe und Familie sind für die Mehrheit der Frauen und Männer in Deutschland die gewünschte und bevorzugte Lebensform. Für viele ist Familie gleichbedeutend mit Geborgenheit. Sie erwarten in ihr Liebe, Zuwendung und die Erfahrung von Glück. Die evangelischen Kirchen unterstützen Menschen, die in Ehe und Familie zusammenleben, weil die eheliche Gemeinschaft Gottes Gebot entspricht und unter seiner Verheißung steht. Deshalb wird auch im Gottesdienst für die Eheleute gebetet und ihnen Gottes Segen zugesprochen.

Ehe und Familie stehen unter dem besonderen Schutz der staatlichen Ordnung (Art. 6 Grundgesetz), weil sie wichtige Aufgaben und Lasten für die Gemeinschaft übernehmen, z. B. in der Kindererziehung oder bei der Pflege alter, kranker und behinderter Menschen, und weil sie die zwischenmenschlichen Beziehungen ordnen, schützen und stabilisieren. Die gesetzlichen, wirtschaftlichen und sozialen Rahmenbedingungen tragen dem Rechnung, sind aber in den Augen Betroffener verbesserungsbedürftig.

Der Geburtenrückgang in Deutschland lässt die Sorge nach dem Fortbestand des Generationenvertrages aufkommen, der bisher die soziale Versorgung von Kindern und Alten verlässlich gesichert hat. Deshalb leistet Kirche bewusst ihren Beitrag, um Elternschaft, Familie und die Chancengleichheit von Frauen und Männern zu fördern; z. B. durch Familienbildung, Kinderkrippen und -tagesstätten, familienspezifische Freizeit- und Urlaubsangebote, Ganztagsschulen, Müttergenesungskuren, Angebote für Alleinerziehende und weitere Maßnahmen zur Vereinbarkeit von Familie und Beruf. Nicht übersehen werden sollte allerdings auch die hohe Zahl der Paare, die ungewollt kinderlos sind. Um ihren

13. Vgl. für die ELKB: »Familie – auch in Zukunft« – Wort der Landessynode der Evangelisch-Lutherischen Kirche in Bayern vom 27.März 2000 (Anlage 4, S. 182ff.)

Kinderwunsch zu erfüllen, beanspruchen immer mehr Paare die Möglichkeiten der modernen Medizin mit ihren Chancen und Belastungen. Nach wie vor ist aber auch die Adoption ein Weg, eine Familie zu gründen.

Infolge der gesellschaftlichen Entwicklungen und sozialen Veränderungen der letzten beiden Jahrhunderte haben sich die Formen des Zusammenlebens in Ehe und Familie tiefgreifend gewandelt. Von besonderer Bedeutung sind in diesem Zusammenhang die Rollenveränderung der Frau und des Mannes sowie deren Auswirkungen in Ehe, Partnerschaft, Familie und Beruf. Neben ihrer Berufstätigkeit bleibt der Frau oft noch die Hauptlast der Hausarbeit und Kindererziehung. Zugleich vollziehen immer mehr Männer die Änderung im Rollengefüge von Ehe und Familie mit und übernehmen in neuer Weise Verantwortung.

Die Mehrzahl der Ehen hat gegenwärtig lebenslang Bestand. Bei allen Bemühungen und guten Vorsätzen machen jedoch viele Paare die Erfahrung, dass ihre Ehe scheitert. Das liegt u. a. an den hohen Erwartungen, die mit der Ehe verbunden werden, und auch an der zunehmenden gesellschaftlichen Individualisierung und Leistungsorientierung. Auch das Unvermögen, Familienkonflikte gewaltfrei zu lösen, führt häufig zum Zerbrechen von Ehen. Selbst wenn das Scheidungsrecht inzwischen vom so genannten »Schuldprinzip« abgerückt ist, spielt für die Betroffenen die Frage, wer in welchem Umfang für das Scheitern einer Ehe verantwortlich ist, eine nach wie vor wichtige Rolle sowohl für Trennung und Scheidung wie auch für deren innere Verarbeitung. In dieser Krisenzeit besteht bei vielen Bedarf nach Seelsorge, Beratung und geistlichen Formen, diesen Übergang zu bewältigen; dafür bieten sich Kirche und Diakonie als erfahrene und kompetente Ansprechpartner an. Die Zahl der Ein-Eltern-Familien bzw. Alleinerziehenden nimmt in Deutschland auch als Folge der Ehescheidungen weiter zu. Diese Lebensform bringt so hohe zeitliche und finanzielle Belastungen mit sich, dass der Anteil der auf Sozialhilfe Angewiesenen unter ihnen überdurchschnittlich hoch ist. Umso höher ist die Leistung einzuschätzen, die Alleinerziehende im Beruf und für ihre Familie erbringen.

Andere Lebensformen

Viele Paare in Deutschland leben auch ohne Trauschein zusammen. Vor allem jüngere Menschen – aber nicht nur sie – haben eine Form des Zusammenlebens entwickelt, die durch Liebe und Verantwortung füreinander geprägt ist. Sie legen sich aber hinsichtlich der Dauer nicht fest und streben auch keine baldige Eheschließung an. Gründe dafür können Scheidungserfahrungen im eigenen Elternhaus, die berufliche Situation oder der Wegfall von Sozialleistungen nach der Eheschließung sein.

Neben der traditionellen Ehe und Familie haben in den vergangenen Jahrzehnten weitere Lebensformen größere Aufmerksamkeit gefunden: Alleinlebende, Ein-Eltern-Familien, bewusst oder ungewollt kinderlose Ehen oder Partnerschaften, Fortsetzungsfamilien (wenn sich Geschiedene oder Verwitwete mit ihrem Kind bzw. ihren Kindern zusammenschließen), gleichgeschlechtliche Partnerschaften mit oder ohne sexuelle Beziehung, Wohngemeinschaften von jüngeren und älteren Menschen. Menschen in diesen Lebensformen leiden darunter, dass sie sich in den Kirchengemeinden nicht aufgehoben fühlen, weil diese vornehmlich Angebote für Familien klassischen Zuschnitts machen.

Sexualität und Schwangerschaft

Die kirchliche Ethik hat Sexualität früher der Ehe vorbehalten und dem Fortpflanzungsgedanken untergeordnet. Dabei war der Gedanke von Treue, Hingabe und Verzicht leitend. Viele Menschen halten an diesen Werten weiterhin fest. Für andere sind sie weniger verhaltensbestimmend als noch vor Jahrzehnten. Von der Pubertät bis ins hohe Alter spielen bei der Gestaltung von Beziehungen Erotik und Sexualität eine wichtige Rolle. Dabei wünschen sich die Partner, dass ihre Sexualität Teil einer ganzheitlichen Beziehung ist. Durch die Ausbreitung bisher unheilbarer, sexuell übertragbarer Krankheiten (wie z. B. AIDS) wird Menschen zunehmend bewusst, dass sie mit ihrer sexuellen Freiheit verantwortungsvoll umgehen müssen.

Durch die Möglichkeit der Empfängnisverhütung können Paare bei der Gestaltung ihrer Beziehung auch den Zusammenhang von Sexualität und Fortpflanzung trennen. Dadurch werden Liebesbeziehung und Elternschaft als zwei verschiedene Phasen in der Beziehung erlebt. Wenn es Paaren mit Kindern gelingt, das Miteinander von Liebesbeziehung und Elternschaft zu verwirklichen, wird dies als beglückend erlebt.

Bei der Frau verändert eine Schwangerschaft tiefgreifend die Lebenssituation, was zu verstehen Männern oft nicht leicht fällt. Frauen sind mit dem in ihrem Leib wachsenden Kind seelisch aufs Engste verbunden. Das gemeinsame Warten auf ein Kind ist trotz mancher Einschränkungen für viele Paare eine erfüllte und unvergessliche Zeit.

Einige Frauen spüren nicht nur Freude, sondern auch widerstrebende Gefühle und Ängste, weil die Schwangerschaft mit einem Gesundheitsrisiko für sie selbst verbunden ist oder dem Kind eine körperliche oder geistige Behinderung droht. Für andere bringt die Schwangerschaft ihre Lebens- und Familienplanung durcheinander. Besonders belastend wirkt, wenn Schwangere sich der Unterstützung des Kindesvaters nicht sicher sein können.

In solchen bedrängenden Konfliktsituationen erwägen manche Frauen den Abbruch ihrer Schwangerschaft nach der vom Gesetzgeber vorgeschriebenen Beratung auf legalem Wege oder an den gesetzlichen Bestimmungen vorbei, z. B. im Ausland.

Die evangelische Kirche engagiert sich präventiv in der Beratung schwangerer Frauen, um sie und das ungeborene Leben gleichermaßen zu schützen. Durch persönliche Zuwendung und Klärung widersprüchlicher Motive will die evangelische Kirche und ihre Diakonie den Schwangeren in ihrer Konfliktlage beistehen und bei der Entscheidungsfindung helfen. Die kirchliche Beratung achtet die Verantwortung vor Gott und seinem Gebot, Leben zu schützen und nicht zu töten, und nimmt die prinzipielle Unverfügbarkeit menschlichen Lebens ernst. Mit den Schwangeren und – wo möglich – zusammen mit den künftigen Vätern sucht sie nach Zukunftsperspektiven.

Aus welchen Gründen Schwangerschaftsabbrüche auch vorgenommen werden, sie sind meist mit massiven, tief sitzenden Schuldgefühlen verknüpft. Darum sind eine Nachsorge und ein seelsorgerlicher Beistand wichtig, die von Respekt gegenüber der Entscheidung der Frau geprägt sind.

Gleichgeschlechtliche Partnerschaften
Niemand darf wegen seiner gleichgeschlechtlichen Orientierung benachteiligt werden. Dennoch erleben Lesben und Schwule im Alltag aber immer noch Vorurteile, Abwertung und Ausgrenzung, auch wenn die gesellschaftliche Toleranz ihnen gegenüber zugenommen hat. Die evangelischen Kirchen haben sich in den letzten Jahren mehrmals öffentlich gegen die Diskriminierung gleichgeschlechtlich orientierter Mitbürgerinnen und Mitbürger gewandt. Unterstützt wird auch die Absicht des Gesetzgebers, für feste Partnerschaften gleichen Geschlechts die Rechtssicherheit zu erhöhen, z. B. im Miet-, Erb- und Sozialrecht (Gesundheitswesen, Sozialversicherung, Fürsorgeverpflichtung). Allerdings wird in den Kirchen die Einrichtung eines Rechtsinstitutes für gleichgeschlechtliche Partnerschaften kritisiert, weil dadurch das Abstandsgebot zur grundgesetzlich geschützten Ehe nicht gewahrt werde. Neben rechtlichen werden auch theologische Gründe dagegen vorgetragen.

Orientierungssuche
Staat und Politik sehen sich durch die Vielfalt der Lebensformen vor die Frage gestellt, ob und wie ordnend einzugreifen sei. In den Kirchen werden diese Veränderungen gegensätzlich diskutiert. In der evangelisch-lutherischen Kirche bleibt die Ehe das Leitbild für das Zusammenleben von Mann und Frau. Leitbilder sollen orientieren. In ihrer Verkündigung, im Unterricht und in der Seelsorge will die Kirche zur Bejahung dieses Leitbildes hinführen, ohne dadurch andere Formen der Lebensgestaltung zu diskriminieren. So steht die Hochschätzung von Ehe und Familie im Vordergrund, solange sie auf Dauer, Verlässlichkeit und gegenseitiger Achtung beruht. In welcher Form Partnerschaft gelebt und gestaltet wird, aber auch scheitert, ist eine persönliche Angelegenheit, die aber auch Auswirkungen auf das Leben in der Kirchengemeinde haben kann.

Biblische Grundlagen und theologische Orientierung

Frau und Mann: aneinander gewiesen

In den biblischen Schöpfungserzählungen (1 Mose 1,1-2,4 und 2,4-25) wird der Ursprung des Menschen, seine Bestimmung und sein Bezogen-Sein sowohl auf Gott als auch auf den Mitmenschen beschrieben: »Gott schuf den Menschen zu seinem Bilde ... und schuf sie als Mann und Frau« (1 Mose 1, 27). Und: »Es ist nicht gut, dass der Mensch allein sei; ich will ihm eine Gefährtin machen ...« (1 Mose 2,18). Beide Geschlechter sind darin eins, dass sie sich der Schöpfungsmacht Gottes verdanken, die sie füreinander und aufeinander hin geschaffen hat: »Das ist Fleisch von meinem Fleisch« (1 Mose 2,23). Zugleich sind sie voneinander verschieden und ergänzen sich in ihrem Gegenüber. Das findet seinen stärksten Ausdruck in dem leidenschaftlichen Drang der Geschlechter zueinander: »Darum wird ein Mann seinen Vater und seine Mutter verlassen und seinem Weibe anhangen, denn sie werden sein ein Fleisch ...« (1 Mose 2, 24). In dieser elementaren Bezogenheit bleiben sie nicht bei sich selbst. Auch durch das Zeugen und Erziehen von Kindern haben sie Teil an dem Auftrag, die Schöpfung zu erhalten und zu gestalten: »... seid fruchtbar und mehret euch ... und machet euch die Erde untertan« (1 Mose 1, 28). Dem hat Gott seinen Beistand und Erfüllung zugesagt: »... und er segnete sie.« Die biblischen Schöpfungserzählungen begründen das Aneinander-Gewiesensein von Mann und Frau, das der Ehe zu Grunde liegt.

In Liebe miteinander verbunden

Das Neue Testament betont, dass Mann und Frau durch die Liebe miteinander verbunden sind, die in der Liebe Gottes gründet: »Ihr seid zur Freiheit berufen, ... durch die Liebe diene einer dem anderen« (Gal 5,13). Mit dem Wort ›Liebe‹ (agape) wird im Neuen Testament die Nächstenliebe bezeichnet. Sie beinhaltet gegenseitige Achtung, Anerkennung, Annahme, Fürsorge, Rücksicht und Beistand. Wenn also Altes und Neues Testament von Liebe reden, meinen sie mehr als die eheliche Liebe von Mann und Frau. Es wird damit die in Gottes Schöpfung gegründete

liebevolle Bezogenheit aller Menschen bezeichnet, die in vielen
Bildern und Vergleichen zum Ausdruck kommen kann: z. B. als
Hochzeit zwischen Gott und seinem Volk: »Ich will mich mit dir
verloben für alle Ewigkeit ...« (Hosea 2,21) – oder in der Beziehung Christi zu seiner Gemeinde: »Ihr Männer liebt eure Frau-
en, wie auch Christus die Gemeinde geliebt hat ...« (Eph 5, 25).

Ehe als Rechtsinstitut

Die Ehe als Rechtsinstitut ist zwar – wie Martin Luther es nann-
te –»ein weltlich Ding« und in ihrer Form geschichtlichen Veränderungen ausgesetzt, ihr kommt aber insofern eine besondere
Bedeutung zu, als sich in ihr exemplarisch die Beziehung zwischen Gott und den Menschen abbildet und konkret erfahren und
gelebt werden kann. In einer lebenslangen, treuen und partner-
schaftlich-respektvollen Beziehung können sich Gottes Liebe
zum Leben, seine Wertschätzung des Menschen und seine Treue
spiegeln.

Die biblischen Aussagen überschreiten immer wieder das
Eheverständnis und die Ehepraxis der jeweiligen Zeit, also auch
die jeweilige Rechtsform. Besonders deutlich wird das, wenn
Jesus die legale Scheidungspraxis seiner Zeit kritisiert, die Frau-
en deutlich benachteiligte. In Epheser 5 wird außerdem die damals
selbstverständliche Unterordnung der Frau unter den Mann nicht
einfach fortgeschrieben, sondern Hingabe wird, entgegen dem
damals üblichen Rollenverständnis, auch von den Männern erwartet. Angesichts der Wiederkunft Christi relativiert Paulus die
Ehe (1 Kor 7). Der Hochschätzung der Ehe im Neuen Testament
insgesamt widerspricht dies aber nicht.

Gesellschaftliche Funktionen der Ehe

Die Ehe gibt es in allen Kulturen und in verschiedener Ausprägung. Die christliche Grundüberzeugung vom Zusammenleben
von Frau und Mann ist vor allem im europäischen und amerika-
nischen Kulturkreis wirksam geworden. Hier hat die Ehe in christlicher Prägung eine gesellschaftlich tragende Funktion für die
Erhaltung des Gemeinwesens und die Weitergabe des Lebens
bekommen. Nach heutigem Verständnis ist Ehe eine dauerhafte,

umfassende, verbindliche und monogame Form der Lebensgemeinschaft von Frau und Mann, die durch die staatliche Rechts-
ordnung in ihren Voraussetzungen und Folgen geregelt ist. Die
evangelische Kirche bejaht die gültige Form der Eheschließung
vor dem Standesamt wie auch die Rechtsfolgen, die sich für
Ehepaare und Familien daraus ergeben.

Insbesondere im 20. Jahrhundert ist die Liebesbeziehung
der Ehepartner, die durch Freiwilligkeit, Respekt vor der Selbstbestimmung und der Würde des Partners sowie gegenseitige Fürsorge und Hilfe geprägt ist, als Grundlage für die Ehe in den
Vordergrund getreten. Nach evangelischem Verständnis lässt sich
Ehe als im Vertrauen auf Gottes Hilfe eingegangene freiwillige
Selbstbindung beschreiben. Menschen binden sich aus geschenk-
ter Freiheit heraus aneinander. Weder Kirche noch Staat noch
dritte Personen konstituieren die Ehe. Diese freiwillige Selbstbindung an den Ehepartner bzw. die Ehepartnerin erneuert sich
in den verschiedenen Phasen der Ehe aus dem Willen zur gemeinsamen Zukunft.

Gefährdung der Ehe
Wo dieser Wille oder die Kraft zu seiner Gestaltung fehlt, ist der
Bestand der Ehe gefährdet. Auch die Autoren der biblischen
Schriften verschließen ihre Augen davor nicht, dass es in der
Ehe Gefährdungen, Schuld und Scheitern gibt. Deshalb enthält
die Bibel Schutzbestimmungen für die Gemeinschaft in Ehe und
Familie, z. B. das vierte Gebot, das die Achtung und Ehre vor
den Eltern fordert, das sechste Gebot, das den Ehebruch verbie-
tet, und das zehnte Gebot, das das Begehren anderer Frauen und
Männer untersagt. Nach lutherischem Verständnis ist in den Geboten beides enthalten: Das strikte Gesetz, das Leben schützen
soll, und die Barmherzigkeit und Güte Gottes, die Leben fördert.

Im Alten Testament wird dem Mann unter bestimmten
Bedingungen erlaubt, seine Frau wegzuschicken (5 Mose 24,1)
und ihr dazu einen Scheidebrief auszustellen, z. B. »weil er
etwas Schändliches an ihr gefunden hat«. Der Frau waren
ähnliche Möglichkeiten verwehrt. Jesus lehnte diese Praxis
(Mt 5,31-32) scharf ab und verwies auf die lebenslange und

umfassende Bestimmung von Frau und Mann füreinander, wie Gott sie bei der Schöpfung angelegt hat: »Was Gott zusammengefügt hat, das soll der Mensch nicht scheiden.« (Mk 10,9; Mt 19,6).

Neben dieser prinzipiellen Ablehnung der Ehescheidung gibt es im Neuen Testament Aussagen, die zeigen, dass man sich gezwungen sah, seelsorgerlich mit diesem Grundsatz umzugehen (vgl. z. B. 1 Kor 7,12). Eindeutiger ist die Stellung zur Wiederverheiratung; sie wird als Ehebruch gewertet (Lk 16,18). Eine geschiedene Frau – so Paulus in 1 Kor 7,39 – bleibt an ihren Ehemann gebunden, solange dieser lebt. Paulus empfiehlt Geschiedenen Ehelosigkeit und in seinem Verständnis damit auch sexuelle Enthaltsamkeit (1 Kor 7,2) oder die Versöhnung mit dem Ehepartner bzw. der Ehepartnerin.

Menschen werden in Beziehungen vielfach schuldig, sie fügen einander Leid zu und tragen oft schwer an ihrem Versagen. Für viele Betroffene, insbesondere, wenn sie das Scheitern ihrer Ehe erleben, ist die in Joh 8 überlieferte heilsame Begegnung Jesu mit der Ehebrecherin von großer Bedeutung. Durch seinen Verzicht auf Verurteilung befreit Jesus diese Frau und in ihr alle, die in Beziehungen schuldig werden, von der Vergangenheit und eröffnet der von Gott in der Schöpfung angelegten Bestimmung zu erfülltem Zusammenleben von Frau und Mann wieder eine Zukunft. Entsprechend ist nach evangelischem Verständnis auch eine Trauung Geschiedener möglich, wenn in der Verkündigung deutlich wird, dass die Ehe grundsätzlich auf Dauer angelegt ist.

Ehelosigkeit

In neutestamentlicher Zeit blieben manche Menschen ehelos, sei es wegen ihrer Gebrechen oder wegen ihrer sozialen Stellung; auch nahmen aus Glaubensgründen Frauen und Männer bewusst Ehelosigkeit und sexuelle Enthaltsamkeit auf sich, um sich ganz dem geistlichen Leben und der Nächstenliebe zu widmen (vgl. Mt 19,12). Paulus wertet die Ehelosigkeit als Alternative zur Ehe, ja, zum Teil sogar als bessere Möglichkeit (1 Kor 7,8.26). Auch heute kann die Entscheidung zur Ehelosigkeit als nachvollziehbarer Lebensentwurf angesehen werden.

Sexualität

Menschliche Sexualität mit ihrer Fortpflanzungsmöglichkeit, ihrer triebhaften Energie und ihrem Lustempfinden gründet im göttlichen Schöpfungswirken und ist wesenhafter Bestandteil des Menschseins. Das Einswerden der Geschlechter (1 Mose 2, 24) wird in der biblischen Überlieferung nicht im Zusammenhang oder als Folge der Ursünde gesehen (1 Mose 3, 1), sondern als Gottes guter Wille. Zu diesem Einswerden bedarf es neben der körperlich-sexuellen auch einer seelisch-geistigen Beziehung zwischen den Partnern, die im andern nicht nur ein Mittel zum Zweck sieht, sondern ein Gegenüber mit eigener Würde und eigenem Empfinden. Es kann Zeiten und Umstände geben, in denen die gegenseitige Rücksicht den Verzicht auf ausgelebte Sexualität nahe legt (vgl. 1 Kor 7,5).

Schwangerschaft und Geburt

Weil mit menschlicher Sexualität die Entstehung neuen Lebens verbunden sein kann, gehört die Anwendung empfängnisverhütender Methoden zu einem verantwortlichen Umgang mit ihr. Schwangerschaftsabbruch als Mittel der Geburtenregelung ist mit den Geboten Gottes (»Du sollst nicht töten!«) und dem christlichen Menschenbild unvereinbar. Abtreibung ist Tötung menschlichen Lebens und auch als letzter verzweifelter Ausweg in einer Notlage oder Krisensituation mit Schuld vor Gott verknüpft. Vom christlichen Glauben her sind dann aber nicht moralische Verurteilungen gefragt, sondern menschlicher Beistand, damit Schuldeinsicht möglich wird, und Fürbitte, dass Gott die Schuld vergebe.

Gott, der Schöpfer, vertraut uns das Leben der ungeborenen und geborenen Kinder an. Sie sollen inmitten der Gefährdungen und Risiken dennoch geschützt aufwachsen und sich entfalten und in Zukunft selbst Verantwortung für das Leben der nachfolgenden Generationen übernehmen.

Andere Lebensformen

Auf diesem Hintergrund hält die evangelische Kirche an der herausragenden Bedeutung von Ehe und Familie fest und legt be-

sonderen Wert auf Traugespräch und kirchliche Trauung zu Beginn der Ehe. Wenn einzelne Christinnen und Christen auf Zeit
oder dauerhaft andere Formen einer Liebesbeziehung eingehen,
muss darin keine grundsätzliche Infragestellung der Ehe gesehen werden. Die Beurteilung und Gestaltung anderer Lebensformen orientiert sich vor allem an den theologischen Kriterien der
Gebote Gottes und an Jesu Auftrag zu tätiger, versöhnender
Nächstenliebe: Helfen sie den Menschen, ihr gemeinsames Leben verantwortlich und erfüllt vor Gott zu gestalten?

Die evangelischen Kirchen halten es wegen ihrer Verantwortung für ihre getauften gleichgeschlechtlich orientierten Mitglieder für geboten, Menschen in homosexuellen Partnerschaften zu achten. Sie treten dafür ein, dass Menschen mit gleichgeschlechtlicher Orientierung nicht ausgegrenzt und diskriminiert
werden. Sie sehen die Notwendigkeit, auch für Menschen in
diesen Lebensformen ethische Orientierung anzubieten, damit
sie vor Gott verantwortlich gelebt werden können. Denn auch
zwischen gleichgeschlechtlich orientierten Christinnen und
Christen, die achtsam, fürsorglich, liebevoll und verzeihend
miteinander umgehen, kann sich die von Gott ermöglichte und
gebotene Liebe verwirklichen. Deshalb werden in manchen Kirchen für Menschen, die dauerhaft in einer gleichgeschlechtlichen Partnerschaft leben, Fürbittandachten oder auch Segens-
handlungen angeboten, ohne dass diese mit einer kirchlichen
Trauung verwechselt werden können.

Gleichwohl werden diese Fragen in den Kirchen gegensätzlich beurteilt, insbesondere weil Altes und Neues Testament,
ihrem historischen Kontext entsprechend, gleichgeschlechtliche
Sexualpraktiken als Ausdruck einer gestörten Gottesbeziehung
ablehnen. Daher haben sich Kirchen lange Zeit auch nicht für
Homosexuelle eingesetzt.

Eine abschließende theologische Wertung dieser Lebens-
formen scheint zurzeit in den Kirchen nicht möglich zu sein.
Neue Fragen tauchen durch das vom Gesetzgeber eingerichtete
Rechtsinstitut für Partnerschaften zwischen Menschen gleichen
Geschlechts auf.

Regelungen[14]

1. Eheschließung und kirchliche Trauung

Nach evangelischem Verständnis gehört zur Eheschließung die kirchliche Trauung, bei der Gottes Wort über die Lebensgemeinschaft von Frau und Mann verkündigt wird. Das Brautpaar verspricht sich vor Gott und der Gemeinde lebenslange gegenseitige Liebe, Achtung, Fürsorge und Treue. Die Gemeinde erbittet für die Eheleute Gottes Beistand und Segen.

2. Voraussetzungen für die kirchliche Trauung

(1) Beide Ehepartner wünschen eine kirchliche Trauung.

(2) Mindestens einer der Ehepartner gehört der evangelischen Kirche an (siehe auch Abschnitt 7).

(3) Die standesamtliche Eheschließung des Paares nach staatlichem Recht ist nachweislich rechtsgültig vollzogen.

(4) Es bestehen keine gravierenden seelsorgerlichen Bedenken gegen das Zustandekommen der Ehe und den Umgang der Ehepartner miteinander. Diese können z. B. darin begründet sein, dass das Paar Vereinbarungen getroffen hat, die dem christlichen Eheverständnis widersprechen.

3. Zuständigkeit

(1) Für die Trauung ist die Pfarrerin oder der Pfarrer der Kirchengemeinde zuständig, zu der die Ehefrau oder der Ehemann gehört oder nach der Eheschließung gehören wird.

(2) Soll die Trauung in der Heimatgemeinde durch eine Gastpfarrerin oder einen Gastpfarrer gehalten werden, ist die Zustimmung der Ortspfarrerin oder des Ortspfarrers erforderlich.

(3) Soll die Trauung in einer anderen Gemeinde stattfinden und von einer oder einem der zuständigen Pfarrerinnen/Pfarrer gehalten werden, ist die Zustimmung des Pfarrers oder der Pfarrerin am Trauungsort erforderlich.

14. Vgl. Agende Bd. III der VELKD, Teil 2, – Die Trauung –, 2. aktualisierte Aufl. 1999; »Die Ehe als Leitbild«, gutachterliche Stellungnahme der VELKD, 1997 (Texte aus der VELKD Nr. 75).

(4) Soll die Trauung in einer anderen Gemeinde von der dortigen Pfarrerin oder dem dortigen Pfarrer gehalten werden, ist ein Abmeldeschein (Dimissoriale) der Heimatgemeinde erforderlich.

(5) Soll die Trauung in einer anderen Gemeinde durch eine Gastpfarrerin oder einen Gastpfarrer durchgeführt werden, ist ebenfalls ein Abmeldeschein (Dimissoriale) erforderlich sowie die Zustimmung der Pfarrerin oder des Pfarrers am Trauungsort.

Auch in diesen Fällen müssen die in Abschnitt 2 genannten Bedingungen erfüllt sein.

4. Trauung

(1) Die Pfarrerin oder der Pfarrer führt mit dem Brautpaar vor der Trauung ein seelsorgerliches Gespräch, das auf die Situation des Paares eingeht, die wesentlichen Merkmale des christlichen Eheverständnisses sowie Inhalt und Ablauf der Trauung zur Sprache bringt.

(2) Eine Trauung wird nach der geltenden Agende gehalten.

(3) Bei der Gestaltung können neben dem Brautpaar selbst dessen Angehörige und andere gemäß Verabredung mit der Pfarrerin oder dem Pfarrer (z. B. durch Lesung, Fürbitten, Segenswünsche oder kirchenmusikalische Beiträge) mitwirken.

(4) Die Trauung wird grundsätzlich in einem Kirchengebäude bzw. Gottesdienstraum gefeiert. Für Ausnahmen ist nach gliedkirchlichem Recht die nötige Abstimmung herbeizuführen.

(5) In der Karwoche soll keine Trauung stattfinden.

5. Kirchliche Trauung Geschiedener

(1) Eine kirchliche Trauung Geschiedener ist in der evangelischen Kirche unter den in Ziffer 2 genannten Voraussetzungen und nach Maßgabe des gliedkirchlichen Rechtes möglich.

(2) Im Traugespräch ist u. a. seelsorgerlich darauf zu achten, ob die bzw. der Geschiedene mit dem Scheitern der ersten Ehe verantwortlich umgeht, welche Konsequenzen sie bzw. er daraus für das Eheverständnis zieht, und wie sich die künfti-

ge Ehepartnerin bzw. der künftige Ehepartner zu der Scheidung und ihren Folgen stellt, insbesondere wenn aus einer früheren Ehe Kinder vorhanden sind.

6. Kirchliche Trauung mit einer röm.-kath. Ehepartnerin oder einem röm.-kath. Ehepartner[15]

Gehört einer der Eheleute der röm.-kath. Kirche an, kann die Trauung entweder nach dem evangelischen oder nach dem katholischen Formular unter Beteiligung der/des zur Trauung Berechtigten der Schwesterkirche erfolgen. Die von beiden Kirchen dazu erstellten Gottesdienstordnungen sind zu verwenden. Über die Seelsorge an konfessionsverschiedenen Ehepaaren und Familien sollen in den Kirchengemeinden Absprachen mit der röm.-kath. Gemeinde getroffen und bekannt gemacht werden.

7. Kriterien für den Umgang mit Nichtkirchenmitgliedern[16]

Eine kirchliche Handlung anlässlich einer Eheschließung ist grundsätzlich auch möglich, wenn eine Ehepartnerin bzw. Ehepartner keiner oder einer nichtchristlichen Religionsgemeinschaft angehört. In diesem Fall ist im Gespräch zu klären, ob

- dies dem ausdrücklichen Wunsch der evangelischen Ehepartnerin bzw. des evangelischen Ehepartners entspricht,
- die andere Ehepartnerin bzw. der andere Ehepartner dem zustimmt und sich bereit erklärt, die wesentlichen Merkmale des christlichen Eheverständnisses zu achten,
- sich die Eheleute bereits auf eine christliche Erziehung der Kinder geeinigt haben,
- die evangelische Ehepartnerin bzw. der evangelische Ehepartner die Möglichkeit haben, ihren Glauben und ihre kirchliche Bindung in der Ehe zu leben,
- nur eine solche religiöse oder weltanschauliche Eheschließungszeremonie daneben stattfindet, die im Heimatland der Nichtchristin bzw. des Nichtchristen zur rechtlichen Gültigkeit der Ehe notwendig ist.

15. Vgl. »Gemeinsame Feier der kirchlichen Trauung«, hrsg. von der Deutschen Bischofskonferenz und dem Rat der EKD, 1995.
16. Vgl. Agende Bd. III der VELKD, Teil 2 – Die Trauung –, S.105 ff.

8. Gottesdienst anlässlich einer Eheschließung und kirchliche Trauung[17]

Je nach dem Grund der fehlenden Kirchenmitgliedschaft sind unterschiedliche liturgische Gestaltungsformen anzuwenden und rechtliche Gesichtspunkte zu beachten:

- Die Trauung einer evangelischen Christin bzw. eines evangelischen Christen mit einer Ehepartnerin oder einem Ehepartner, die oder der getauft ist, aber keiner christlichen Kirche mehr angehört, ist in Ausnahmefällen möglich, die von der Pfarrerin oder dem Pfarrer, die oder der die Trauung durchführen soll, seelsorgerlich zu begründen sind. Dazu haben die einzelnen Gliedkirchen Regelungen getroffen.

- Gehört einer der Ehepartner einer nichtchristlichen Religionsgemeinschaft an, so ist bei der liturgischen Gestaltung des Gottesdienstes darauf Rücksicht zu nehmen. Der Vorschlag in der Trauagende »Gottesdienst anlässlich der Eheschließung« gibt Anregungen für die liturgische Gestaltung. Von der nichtchristlichen Partnerin oder dem Partner sollen keine Aussagen verlangt werden, die im Zusammenhang der kirchlichen Feier eindeutig christliche Glaubensvoraussetzungen haben.

- Gehört einer der Ehepartner keiner Religionsgemeinschaft an oder ist er bzw. sie nicht getauft, ist in seelsorgerlicher Verantwortung entsprechend zu verfahren.

9. Zurückstellung oder Ablehnung einer Trauung

(1) Sind die Voraussetzungen für eine Trauung nicht gegeben, kann sie aufgeschoben oder abgelehnt werden. Die Pfarrerin oder der Pfarrer informiert darüber – unter Wahrung des Seelsorgegeheimnisses – den Kirchenvorstand.

(2) Den Brautleuten ist mitzuteilen, dass sie gegen die Zurückstellung oder Ablehnung ihrer Trauung bei der Superintendentin bzw. beim Superintendenten nach Maßgabe des gliedkirchlichen Rechtes Einspruch erheben können. Deren Entscheidung über die Beschwerde ist endgültig.

(3) Kommt die Superintendentin oder der Superintendent zu der Überzeugung, dass die Trauung vollzogen werden kann, so schafft sie oder er die Möglichkeit dafür.

17. Vgl. Agende Bd. III der VELKD, Teil 2 – Die Trauung –, S.89 ff.

10. Abkündigung und Fürbitte

Trauungen und Gottesdienste zur Eheschließung werden der Gemeinde im Sonntagsgottesdienst bekannt gegeben. Die Gemeinde schließt die Ehepaare in ihre Fürbitte ein.

11. Beurkundung und Bescheinigung

(1) Die Trauung wird im Kirchenbuch der Gemeinde, in der sie stattgefunden hat, beurkundet. Eine Trauurkunde wird ausgestellt. Gegebenenfalls erfolgt eine Eintragung ins Stammbuch. Die Wohnsitzgemeinde wird benachrichtigt, wenn die Trauung in einer anderen Gemeinde stattgefunden hat.

(2) Gottesdienste anlässlich einer Eheschließung werden in einer gesonderten Rubrik im Kirchenbuch eingetragen.

12. Ehejubiläen

Ehejubiläen wie silberne oder goldene Hochzeit sind für christliche Ehepaare nicht nur Familienfeste, sondern zugleich Anlass, Gott für ihre Ehe zu danken, ihn um Vergebung für das zu bitten, was einer dem anderen schuldig geblieben ist, und sich Segen für die Zukunft zusprechen zu lassen. Dem soll durch seelsorgerliche und gottesdienstliche Angebote entsprochen werden.

13. Ehe und Familie fördern

(1) Gemeinden können das Zusammenleben in Ehe und Familie fördern, indem sie Ehepaar- oder Elternkreise, Familiengottesdienste oder entlastende Angebote, wie z. B. Kinderbetreuung, Erziehungsberatung anbieten. Dies gilt in besonderer Weise für Ein-Eltern-Familien (Alleinerziehende).

(2) Paare und Familien sollen insbesondere in Krisenzeiten Angebote einer Begleitung und Beratung in ihrer Nähe finden können.

14. Schutz des geborenen und ungeborenen Lebens

(1) Die evangelische Kirche ist dem Schutz des geborenen und ungeborenen Lebens verpflichtet. Darum soll sie in Not- und Konfliktlagen schwangeren Frauen und ihren Partnern Information, Beratung und konkrete Hilfe anbieten. Darüber hinaus hat die Kirche in der Öffentlichkeit, in Verkündigung

und Seelsorge die Aufgabe, Männer darin zu unterstützen, dass sie ihre Mitverantwortung für das von ihnen gezeugte Leben erkennen und wahrnehmen.

(2) Die Kirche setzt sich nachhaltig dafür ein, dass die gesellschaftlichen Voraussetzungen geschaffen werden, damit Kinder geschützt aufwachsen und in ihrer Entwicklung gefördert werden, und dass Mütter und Väter ihre Erziehungsaufgabe angemessen wahrnehmen können. Dafür sollen Kirche und diakonische Einrichtungen Verantwortung übernehmen.

15. Unverheiratete und Alleinlebende

In den Gemeinden und in Bildungs- und Beratungseinrichtungen der Kirchen ist darauf zu achten, dass die Lebenssituation von Unverheirateten, Alleinlebenden und Paaren ohne Kinder achtsam wahrgenommen wird. Die diesen Gemeindegliedern wichtigen Themen und Begegnungsformen müssen neben der vornehmlich auf Familien ausgerichteten Gemeindearbeit ebenfalls Platz haben.

16. Gleichgeschlechtliche Partnerschaften[18]

(1) Der evangelischen Kirche ist es geboten, Menschen, die in anderen Lebensformen oder mit einer bestimmten sexuellen Prägung verbindliche und treue, liebevolle und tragfähige Partnerschaft suchen, aufmerksam und ohne Abwertung wahrzunehmen und zu achten.

(2) Wie alle Minderheiten benötigen Menschen in gleichgeschlechtlichen Partnerschaften spezielle Ansprechpartnerinnen und Ansprechpartner, wie auch Menschen, die für sie sprechen. Sie sind auf Grund ihrer Prägung nicht als Hilfsbedürftige und Kranke zu betrachten.

(3) Im Rahmen der noch nicht abgeschlossenen Diskussion über gottesdienstliche Handlungen anlässlich der Eingehung einer eingetragenen Lebenspartnerschaft muss gewährleistet sein, dass diese mit einer kirchlichen Trauung nicht verwechselt werden können.

18. Vgl. für die ELKB: Stellungnahme der Landessynode zu Fragen der Homosexualität, zur Frage möglicher Schlussfolgerungen aus der staatlichen Gesetzgebung (Lebenspartnerschaftsgesetz) und der Segnung von eingetragenen Lebenspartnerschaften vom 27.11.2003 (Anlage 5, S. 188ff.)

3. Sterbe- und Trauerbegleitung, Bestattung[19]

Wahrnehmung der Situation

Die Erfahrung des Sterbens ist Teil des Lebens. Bilder von Sterben und Tod gehören zum Alltag. Es erschreckt, wenn Menschen durch Unfall, Verbrechen oder eigene Hand zu Tode kommen. Verstört stehen Hinterbliebene am Grab von Angehörigen, Freunden und Arbeitskollegen, die aus der Mitte des Lebens gerissen wurden.

Menschen, die ihren Tod vor Augen haben, möchten in Würde sterben, fürchten sich aber vor den Schmerzen und der Einsamkeit des Sterbens. Zwar können moderne Medizintechnik und Schmerztherapie das Leiden lindern und das Leben verlängern, zunehmend fragen aber viele nach der Sinnhaftigkeit medizinischer Maßnahmen an den Grenzen des Lebens. In diesem Zusammenhang überlegen auch Gesunde, ob sie einer Organspende zustimmen können und welche Konsequenzen dies für ihren Sterbeprozess haben würde.

Noch immer können viele Menschen ihre letzte Lebensphase in der Familie verbringen. Meist pflegen die weiblichen Familienmitglieder ihre Angehörigen. Es wächst jedoch die Zahl derjenigen, die nicht mehr damit rechnen können, von Angehörigen gepflegt und betreut zu werden, weil keine Angehörigen mehr vorhanden sind oder diese sich dazu nicht in der Lage sehen. Bei Sterbenden, die erleben, dass ihre Angehörigen mit ihren Kräften am Ende sind oder mit ihrer Leidensfähigkeit an Grenzen stoßen, tauchen Gedanken an aktive Sterbehilfe auf. Diese ist in Deutschland strafbar. Dennoch wird in der öffentlichen Diskussion immer wieder die Freigabe der aktiven Sterbehilfe gefordert, u. a. mit Verweis auf die Praxis in Nachbarländern. Hier wird von den Kirchen ethische Orientierung erwartet.

---

19. Vgl. für die ELKB: »Meine Zeit steht in Gottes Händen« – Handreichung der ELKB zur Vorsorgevollmacht, Betreuungsverfügung und Patientenverfügung (Herbst 2001; zu beziehen über das Amt für Gemeindedienst Nürnberg)

Ambulante und stationäre Hospize leisten einen wichtigen Beitrag für ein Sterben in Würde. Dort finden Sterbende und ihre Angehörigen Raum, um sich begleitet und bewusst auf den Tod vorzubereiten. Auch in den Kirchen haben sich in den letzten Jahren immer mehr berufliche und ehrenamtliche Mitarbeiterinnen und Mitarbeiter in der Trauer- und Sterbebegleitung engagiert. Sie stehen den Sterbenden und ihren Angehörigen bei, trösten sie durch Gottes Wort und durch persönliche Zuwendung. Viele von diesen Mitarbeiterinnen und Mitarbeitern haben selbst Tod und Trauer nahe erlebt. Durch diese Erfahrungen wurden sie geprägt und gewandelt.

Häufig werden Hinterbliebene in ihrer Trauer durch Familie und Nachbarschaft unterstützt. Andere stehen jedoch mit ihrem Verlust allein, verstummen und verschließen sich in ihrem Schmerz; für einige brechen in dieser Zeit religiöse Fragen auf. Alte Trauerrituale haben an Bedeutung verloren. Gleichwohl besteht weiterhin der Wunsch nach Begleitung und Seelsorge durch die Kirche. Menschen möchten darin unterstützt werden, für ihren Schmerz und ihre Angst Worte zu finden. Dieser Wunsch nach Begleitung übersteigt manchmal die Möglichkeiten der kirchlichen Seelsorge. Gleichzeitig entwickelt sich im säkularen Bereich eine eigene Kultur der Trauer, in der Menschen, z. T. mit professioneller Begleitung, versuchen, durch neue Rituale ihren Schmerz zu bewältigen. Es kommt auch vor, dass Angehörige den Wunsch der Verstorbenen, christlich bestattet zu werden, nicht erfüllen. Umgekehrt äußern Angehörige von nicht zur Kirche Gehörenden den Wunsch nach einer christlichen Bestattung ihres Familienmitgliedes.

Für die Trauernden ist eine Vorstellung davon wichtig, was aus dem verstorbenen Menschen wird. Bei der christlichen Trauerfeier sind die Verkündigung und der Bestattungsritus mit der Auferstehungshoffnung verknüpft. Nicht selten haben Hinterbliebene allerdings Schwierigkeiten mit der christlichen Verheißung von der Auferstehung der Toten. Vielfach werden Gedanken an ein Leben nach dem Tod mit Reinkarnationsvorstellungen verbunden.

Seit dem zweiten Jahrhundert wurde die Erdbestattung allgemein übliche christliche Bestattungsform. Heute sind Einäscherungen mit der Beisetzung der Urne auf dem Friedhof weit verbreitet. Zunehmend wird auch der Wunsch nach einer anonymen Bestattung geäußert, weil keine Angehörigen vorhanden sind oder diese nicht mit der Grabpflege belastet werden sollen. Sofern Hinterbliebene vorhanden sind, erweist sich für sie jedoch im Nachhinein das Fehlen eines festen Ortes für die Trauer häufiger als belastend.

Im Laufe des Kirchenjahres spielen Fragen des Lebens, des Sterbens und der Ewigkeit besonders am Karfreitag, zu Ostern und am Ewigkeitssonntag eine Rolle. Trauernde zu begleiten, die Verstorbenen würdig zu bestatten und ihrer im Gottesdienst zu gedenken, die Friedhöfe im Licht der christlichen Auferstehungshoffnung zu gestalten – diese Kultur im Umgang mit Sterben und Tod zu bewahren, sind die Kirchen herausgefordert.

Biblische Grundlagen und theologische Orientierung

Der Tod bildet die unüberwindliche Grenze des irdischen Lebens. Er zerbricht alle unmittelbaren Beziehungen zu lebenden Menschen. Denen, die sterben müssen, und denen, die zurückbleiben, macht er Angst. Obwohl Christinnen und Christen die Auferstehung Jesu bekennen, haben sie sich von Anfang an gefragt, was im Tode für sie selbst von Gott her geschehen kann (1 Thess 4,13).

Das Bekenntnis zum gekreuzigten und auferweckten Herrn ist das Zentrum des christlichen Glaubens und die Grundlage allen Hoffens über den Tod hinaus. »Nun aber ist Christus auferstanden von den Toten als Erstling unter denen, die entschlafen sind« (1 Kor 15,20). Paulus schreibt, dass der Glaube inhalts- und wirkungslos ist, wenn er sich nicht von dieser Hoffnung tragen lässt: »Ist aber Christus nicht auferstanden, so ist unsere Predigt vergeblich, so ist auch euer Glaube vergeblich« (1 Kor 15,14).

Die christliche Hoffnung wird jedoch nicht erst für den Umgang mit dem Tod wichtig. Die Taufe schafft eine bleibende Verbindung zu Christus. Im Glauben finden Menschen bereits

hier und jetzt zu einer Gottesbeziehung, die vom Tod nicht zer-
stört werden kann. Diese von der Liebe und dem Geist Gottes
bestimmte Beziehung nennt das Neue Testament ewiges Leben.
Christus spricht im Johannesevangelium: »Wer mein Wort hört
und glaubt dem, der mich gesandt hat, der hat das ewige Leben«
(Joh 5,24). Damit ist gemeint, dass das ewige Leben im Glauben
schon in der Gegenwart beginnt. Das wird in der Taufe zugesprochen. Durch sie haben Sünde und Tod keine letzte Macht
mehr über uns, weil wir nun zum auferstandenen Christus gehören (Röm 6,3). Wir stehen im Machtbereich der Liebe Gottes
und können darauf hoffen, wie Jesus Christus durch den Tod
hindurch von dieser Liebe gehalten zu werden. Paulus drückt
das in Röm 8,38 so aus: »Ich bin gewiss, dass weder Tod noch
Leben, weder Engel noch Mächte noch Gewalten, weder Ge-
genwärtiges noch Zukünftiges, weder Hohes noch Tiefes noch
eine andere Kreatur uns scheiden kann von der Liebe Gottes, die
in Christus Jesus ist, unserm Herrn.«

So trennt der Tod zwar von den Lebenden, aber er durch-
trennt nicht die Verbindung mit Gott. Im Tod werden wir zu neuer Gemeinschaft mit ihm verwandelt. Es geht also nicht um eine
Fortsetzung biologischer Wirklichkeit oder um eine irgendwann
erfolgende Wiederkehr in das irdische Leben, sondern um ein
ganz anderes, unsterbliches Sein. Die Verheißung der Auferstehung gilt für Verstorbene, die feuer- oder seebestattet werden,
ebenso wie für Tote, die erdbestattet sind. Wir bleiben in Gottes
Hand, ohne unsere Identität zu verlieren. Das ist der eigentliche
Sinn des Bekenntnisses zur leiblichen Auferstehung. Paulus versucht, den Unterschied zwischen der irdischen Wirklichkeit und
der Auferstehung mit verschiedenen Bildern zu fassen. Dabei
weiß er allerdings, dass er an die Grenzen des Beschreibbaren
stößt. In 1 Kor 15,36-38 verwendet er das Bild vom Samenkorn,
das sterben muss, bevor etwas ganz Neues entstehen kann; und
in 2 Kor 5,1-4 stellt er die vergängliche »irdische Hütte« dem
ewigen »himmlischen Haus« gegenüber, mit dem wir von Gott
her überkleidet werden.

In diesem von Gott geschenkten Neuanfang treten wir
mit allem Gelungenen und Verkehrten unseres Lebens vor Gott.

Christinnen und Christen rechnen für sich und andere nach dem Tod mit dem Gericht, in dem über alles Leben geurteilt wird (2 Kor 5,10). Dann wird Christus als Richter erscheinen und als Fürsprecher für die Seinen vor Gott eintreten. Trotz des Ernstes des Gerichtes und angesichts unserer Lebensverfehlungen können wir darauf hoffen, dass wir angenommen werden.

Der christliche Glaube hat Konsequenzen für den Umgang mit Leben, Sterben und Tod. So gehört das Bedenken des Sterbenmüssens (Ps 90,12) zur christlichen Lebenseinstellung ebenso wie die Hoffnung über den Tod hinaus. Auf diesem Hintergrund können Christinnen und Christen ihr Leben gestalten, den Tod als Grenze des irdischen Lebens bejahen und Sterbende und Trauernde tröstend und vergewissernd begleiten.

Auch dort, wo die Bedeutung des Todes für das Leben geleugnet wird, oder wo die Gefahr besteht, dass Sterbende auf ihre lebenstechnischen Funktionen reduziert werden, sollen Christinnen und Christen von ihrem Glauben reden: Wir empfangen unser Leben und unsere Zeit aus Gottes Händen und können unser Leben auch vertrauensvoll wieder in seine Hände zurücklegen. Niemand außer Gott soll über den Zeitpunkt unseres Todes verfügen. Auch das Sterben ist noch Teil des Lebens und deshalb mit der entsprechenden Würde zu umgeben. Im Fall einer Unabwendbarkeit des Todes ist das würdevolle Sterben einer künstlichen Lebensverlängerung überzuordnen. Die christliche Patientenverfügung stellt das sicher, wenn der Mensch seinen Wunsch selbst nicht mehr äußern kann. An der Grenze des Lebens müssen oft Entscheidungen von großer Tragweite von den Sterbenden, den Angehörigen, Ärztinnen und Ärzten sowie Pflegenden getroffen werden. Dabei sollte niemand allein gelassen werden.

Dass jedes Leben in Gottes Hand bleibt, ist im Hinblick auf Fragen um eine aktive Sterbehilfe (Euthanasie) im Gespräch mit Politik, Rechtsprechung und der modernen Medizin genauso zu bedenken wie das fünfte Gebot, das uns das Töten untersagt. Obgleich Christinnen und Christen gewiss sind, bei Gott geborgen zu sein, geraten sie mitunter in den Konflikt zwischen einem selbst geäußerten Wunsch zu sterben und dem Tötungsverbot.

Die Bereitschaft zur Organspende kann letzter tiefer Ausdruck der Nächstenliebe sein. Andererseits sollen die häufig geäußerte Angst vor einer Unterbrechung des Sterbeprozesses und die Scheu vor diesem Eingriff respektiert werden.

Die Selbsttötung oder ihr Versuch ist eine unter extremem äußeren oder inneren Zwang begangene Handlung, die man nicht unter dem Gesichtspunkt der Schuld betrachten darf, auch wenn dies die christliche Tradition lange Zeit so gesehen hat. Auch die innere Not und Schuldgefühle der Angehörigen und deren seelsorgerliche Begleitung waren bisher zu wenig im Blick. Darum vertrauen Christinnen und Christen die Verstorbene bzw. den Verstorbenen und die Menschen, die von einer Selbsttötung betroffen sind, der Güte Gottes an. Dies schließt nicht aus, vorher alles zu versuchen, den gefährdeten Lebenswillen zu erhalten.

Von Anfang an hat die christliche Gemeinde ihre verstorbenen Glieder zur letzten irdischen Ruhe geleitet und sich derjenigen angenommen, die den Tod eines Angehörigen oder nahe stehender Menschen betrauern (Jak 1,27). In der kirchlichen Bestattung kommt zum Ausdruck, dass der auferstandene Christus »dem Tode die Macht genommen und das Leben und ein unvergängliches Wesen ans Licht gebracht hat durch das Evangelium« (2 Tim 1,10). Im Gottesdienst wird angesichts von Trauer, Ohnmacht und Ratlosigkeit die Hoffnung auf die Auferstehung der Toten bezeugt. Zugleich will die Gemeinde damit sagen, dass sie mit den Weinenden weint, wie sie sich mit den Fröhlichen freut (vgl. Röm 12,15). Ausdruck des Trostes und Beistandes sind Besuche bei Trauernden oder Trauergruppenarbeit.

Regelungen[20]

1. Gottesdienst zur Bestattung

(1) Der Gottesdienst zur Bestattung soll der Hoffnung auf die Auferstehung der Toten Ausdruck geben. Er soll das zu Ende gegangene Leben des verstorbenen Gemeindegliedes und die hinterbliebenen Angehörigen im Blick haben.

20. Vgl. Agende Bd. III der VELKD, Teil 5 – Bestattung -, 1996.

(2) Ein Bestattungsgottesdienst wird nach der geltenden Agende und unter Beachtung der örtlichen Traditionen gehalten, zu der vorher auch die Aussegnung gehören kann.

(3) Bei der Gestaltung ist darauf zu achten, dass die christliche Verkündigung nicht durch Nachrufe in den Hintergrund gedrängt wird; Gleiches gilt für die Auswahl der Musik.

(4) Ebenso ist darauf zu achten, dass der Gemeindegesang als gegenseitige Tröstung und Zeugnis der christlichen Hoffnung nach Möglichkeit beibehalten wird.

2. Gespräche mit den Angehörigen

Vor der Bestattung führt die Pfarrerin oder der Pfarrer mit den Angehörigen ein seelsorgerliches Gespräch, bei dem auch Inhalt und Ablauf des Gottesdienstes zur Sprache kommen.

3. Abkündigung und Fürbitte

Im Sonntagsgottesdienst werden die kirchlich Bestatteten namentlich genannt. Die Gemeinde befiehlt sie in Gottes Hand und betet für die Trauernden. In der Regel gedenkt die Gemeinde am letzten Sonntag des Kirchenjahres noch einmal der im vergangenen Jahr Verstorbenen und wendet sich besonders all denen zu, die um sie trauern. Dieses Totengedenken kann auch an anderen Feiertagen, wie beispielsweise am Altjahresabend oder am Ostersonntag stattfinden.

4. Voraussetzungen für die kirchliche Bestattung

(1) Die kirchliche Bestattung setzt grundsätzlich voraus, dass die oder der Verstorbene der evangelischen Kirche angehörte.

(2) Auf Wunsch der Eltern sollen ungetauft verstorbene Kinder kirchlich bestattet werden. Dasselbe gilt für totgeborene Kinder und Föten.

(3) Keinem Gemeindemitglied darf aufgrund seiner Todesumstände eine kirchliche Bestattung verwehrt werden.

(4) Gehörte der oder die Verstorbene einer anderen christlichen Kirche an, so kann er oder sie in Ausnahmefällen von einer evangelischen Pfarrerin oder einem evangelischen Pfarrer

bestattet werden. Zuvor soll mit der Pfarrerin oder dem Pfarrer der anderen Kirche Kontakt aufgenommen werden.

(5) Die kirchliche Bestattung von Verstorbenen, die keiner christlichen Kirche angehörten, kann in Ausnahmefällen geschehen, wenn

- die evangelischen Angehörigen den Wunsch nach einer kirchlichen Bestattung äußern und wichtige seelsorgerliche Gründe dafür sprechen
- dem nicht der zu Lebzeiten geäußerte Wunsch der Verstorbenen entgegensteht
- das Verhältnis der Verstorbenen zur Kirche und der Gemeinde so war, dass eine kirchliche Bestattung zu verantworten ist
- es möglich ist, während der Trauerfeier aufrichtig gegenüber den Verstorbenen und ihrem Verhältnis zur Kirche zu sein
- die Entscheidung vor der Gemeinde verantwortet werden kann.

Bei der Entscheidungsfindung berät sich die Pfarrerin oder der Pfarrer mit Mitgliedern des Kirchenvorstandes.

Verstorbene, die keiner christlichen Kirche angehörten, sollen in einer Form bestattet werden, die die Situation angemessen berücksichtigt. Dabei muss es keine Einschränkungen in der äußeren Form (Amtstracht, Glocken) geben. Gliedkirchliche Regelungen bleiben davon unberührt.

5. Bedenken gegen die kirchliche Bestattung, Ablehnung und Beschwerde

(1) Bedenken gegen eine kirchliche Bestattung können sich ergeben aus dem Verhalten der oder des Verstorbenen gegenüber der Kirche oder der Gemeinde oder wenn z. B. der christliche Verkündigungsinhalt durch besondere Wünsche zur Gestaltung der Feier nicht zur Sprache kommen kann.

(2) Die Entscheidung, ob eine kirchliche Bestattung gewährt oder abgelehnt werden soll, trifft die Pfarrerin oder der Pfarrer in seelsorgerlicher Verantwortung. Sie oder er berät sich, wenn Bedenken bestehen, unter Wahrung der seelsorgerlichen Ver-

schwiegenheit mit Mitgliedern des Kirchenvorstandes und berücksichtigt das im Kirchenkreis übliche Verfahren.

(3) Gegen die Ablehnung der kirchlichen Bestattung von Gemeindegliedern können Angehörige nach Maßgabe des gliedkirchlichen Rechtes bei der Superintendentin oder dem Superintendenten Beschwerde einlegen. Ihre oder seine Entscheidung über die Beschwerde ist endgültig.

(4) Kommt die Superintendentin oder der Superintendent zu der Überzeugung, dass die kirchliche Bestattung vollzogen werden kann, so schafft sie oder er die Möglichkeit dafür.

(5) Wird eine kirchliche Bestattung abgelehnt, soll sich die Pfarrerin oder der Pfarrer bemühen, die Angehörigen seelsorgerlich zu begleiten.

6. Zuständigkeit

(1) Für die kirchliche Bestattung ist die Pfarrerin oder der Pfarrer der Kirchengemeinde zuständig, der die oder der Verstorbene angehört hat, sofern nicht eine andere Regelung besteht.

(2) Pfarrerin oder Pfarrer, Kirchenvorstand und Gemeinde tragen Verantwortung dafür, dass alle Kirchenmitglieder kirchlich bestattet werden können, die dies gewünscht haben (vorbehaltlich Ziff. 5).

(3) Soll die kirchliche Bestattung von einer anderen Pfarrerin oder einem anderen Pfarrer gehalten werden, ist ein Abmeldeschein (Dimissoriale) des zuständigen Pfarramtes erforderlich, sofern nichts anderes geregelt ist. Dessen Erteilung darf nur aus Gründen abgelehnt werden, aus denen eine kirchliche Bestattung abgelehnt werden kann (vgl. Ziff. 5).

7. Beurkundung und Bescheinigung

(1) Vor der kirchlichen Bestattung muss die Sterbeurkunde vorgelegt und nach gliedkirchlichem Recht die Anmeldung der Bestattung vorgenommen werden. Diese sind Grundlage für die Beurkundung im Kirchenbuch.

(2) Die kirchliche Bestattung wird im Kirchenbuch der Kirchengemeinde beurkundet, in der sie stattgefunden hat, sofern

dies nicht gliedkirchlich anders geregelt ist. Die Kirchengemeinde, der die oder der Verstorbene angehört hat, ist zu
benachrichtigen.

(3) Über die Bestattung kann den Angehörigen eine Bescheinigung ausgestellt werden.

8. Begleitung der Sterbenden und Trauernden

(1) Zum kirchlichen Handeln im Zusammenhang mit Sterben
und Tod gehören Sterbe- und Trauerbegleitung.

(2) Zur nachgehenden Seelsorge an den Hinterbliebenen gehören Hausbesuche, Trauergruppen, Einladungen zu Gedenk-
gottesdiensten sowie zu anderen Gemeindeveranstaltungen.

9. Friedhofsgestaltung

(1) Von Christinnen und Christen wird erwartet, dass sie der Toten gedenken und für die Pflege der Friedhöfe sorgen. Wo
die örtliche Kirchengemeinde den Friedhof verwaltet, soll
dieser so gestaltet werden, dass kein Widerspruch zur christlichen Hoffnung entsteht.

(2) Kirchengemeinden, die eigene Friedhöfe verwalten, erlassen eine Friedhofsordnung.

(3) Entwicklungen zur Anonymisierung der Grabgestaltung soll
wirksam begegnet werden.

C. Die institutionellen Rahmenbedingungen

Foto: © Norbert Dennerlein, Seelze

1. Kirchenmitgliedschaft

Wahrnehmung der Situation

Evangelische Christinnen und Christen nehmen als Glieder der Kirche ihre Mitgliedschaft in ihrer Landeskirche in unterschiedlicher Weise wahr. Sie sind der Kirche dadurch verbunden, dass sie die Verkündigung hören, die Sakramente empfangen, Seelsorge und Amtshandlungen in Anspruch nehmen, die verschiedenen kirchlichen Veranstaltungen besuchen und die Arbeit der Kirche mittragen. Sie sind berufen und haben das Recht, sich im Alltag und in der Öffentlichkeit als Christen zu erkennen zu geben und zu ihrem Christsein zu bekennen. Dabei stehen sie in einem rechtlich definierten Mitgliedschaftsverhältnis, das z. B. für die Eintragung in das Melderegister, für die Lohnsteuerkarte, den Kirchgeldbescheid oder für die Übernahme kirchlicher Ämter von Bedeutung ist.

Die Zugehörigkeit zur Kirche lässt sich in doppelter Hinsicht beschreiben. In theologischer Hinsicht ist die Verbindung zur Kirche eine geistliche Beziehung: Kirchenglied wird man durch die Taufe. Die Mitgliedschaft in der Kirche ist aber auch als Rechtsverhältnis zu bestimmen.

Die Kirchenmitgliedschaft geht vom Gemeindeprinzip aus: man ist zunächst Mitglied in einer Ortsgemeinde, gleichzeitig auch in einer Landeskirche und mittelbar in der Evangelischen Kirche in Deutschland (EKD). Zu den Mitgliedern einer Ortsgemeinde oder Landeskirche werden im Grundsatz Menschen gezählt, die getauft sind, einem evangelischen Bekenntnis angehören und ihren Wohnsitz im Gebiet dieser Ortsgemeinde bzw. Landeskirche haben. Es gibt auch Personalgemeinden mit eigener Mitgliedschaft, z. B. Anstaltsgemeinden. Ungetaufte Kinder christlicher Familien und Menschen, die sich auf die Taufe vorbereiten, haben eine mitgliedsähnliche Rechtsstellung. In Deutschland verstehen sich die evangelischen Landeskirchen trotz unterschiedlicher Bekenntnisstände (lutherisch, reformiert oder uniert) als in einer Kirchengemeinschaft verbunden. Sie haben 1970 eine Vereinbarung über die Mitgliedschaft geschlossen. Danach setzt sich bei einem Wohnsitzwechsel in den Bereich einer anderen Gliedkirche die Mitgliedschaft in dieser Kirche fort. Evangelische Kirchenmitgliedschaft ist in Deutschland, ausgehend vom Ortsgemeindeprinzip, immer Mitgliedschaft in einer bestimmten Gliedkirche der EKD oder in einer Freikirche.

Die Gemeindeglieder praktizieren ihre Kirchenmitgliedschaft auf verschiedene Weise und an unterschiedlichen Orten, nicht nur in ihrer Ortsgemeinde. Manche besuchen die Gottesdienste regelmäßig, andere selten oder nie. An den Krisen- und Schnittpunkten des Lebens wünschen sehr viele die kirchliche Begleitung in Form von Seelsorge und Amtshandlungen. Andere Gemeindeglieder nehmen nur an bestimmten kirchlichen Veranstaltungen teil. Etliche beteiligen sich wenig oder gar nicht und nehmen auch sonst keine kirchlichen Rechte in Anspruch, zahlen aber dennoch Kirchensteuer. Umgekehrt gibt es Menschen, die Dienste der Kirche nutzen, ohne Mitglied zu sein und ohne sich an den finanziellen Lasten der Kirche zu beteiligen. Andere unterstützen kirchliche Projekte und Einrichtungen, ohne der Kirche anzugehören.

Zu Gottesdiensten und Veranstaltungen, zu Seelsorge und Beratung kommen auch Personen, die keine Kirchenmitglieder sind. In kirchlichen Einrichtungen wie z. B. Kindertagesstätten und Schulen treffen sie mit evangelischen Gemeindegliedern zusammen. Durch solche Begegnungen mit Christinnen und Christen, durch Projekte oder durch missionarische Aktivitäten der Gemeinden finden Menschen neuen Zugang zur Kirche. Etliche lassen sich taufen und werden so zu Kirchenmitgliedern, die sich an den finanziellen Lasten der Kirche beteiligen. Menschen, die aus der Kirche ausgetreten waren, lassen sich wieder aufnehmen. Durch die Einrichtung von ›Eintrittsstellen‹ wird versucht, dies zu erleichtern.

Durch das Zusammenwachsen Europas und durch internationale Beziehungen kommen immer mehr Angehörige fremder Nationen, Kulturen und Kirchen nach Deutschland. Mitglieder ausländischer Kirchen, die vorübergehend in Deutschland

leben, haben als Gäste die Möglichkeit, am Gemeindeleben teilzunehmen. Der Umgang mit Nichtchristen gehört zum Alltag
und wird damit zu einer wichtigen Aufgabe.

Die Kirchenmitgliedschaft endet mit dem Übertritt zu einer anderen Religionsgemeinschaft oder durch formellen Kirchenaustritt. Die Kirchen in Deutschland haben in den letzten
Jahrzehnten viele Mitglieder verloren. Das hat verschiedene
Gründe:

- Die demographische Entwicklung verläuft für den evangelischen Bevölkerungsteil besonders ungünstig.
- Die Zahl der Menschen nimmt zu, die aus Familien stammen,
  die schon in der 2. und 3. Generation nicht Kirchenmitglieder
  sind.
- Viele erklären aus finanziellen oder persönlichen Gründen den
  Kirchenaustritt.
- Der Einfluss anderer Weltanschauungen und Wertorientierun-
  gen lockert den Kontakt der Menschen zur Kirche. Dadurch
  sind die Kirchen in den Großstädten und in manchen Gebieten Deutschlands in eine Minderheitenposition geraten.

Der Kirchenaustritt ist gesetzlich durch die Bundesländer geregelt. Damit gewährleistet der Staat, dass keiner gegen seinen
Willen von einer Kirche als Mitglied in Anspruch genommen
wird. Die Kirche respektiert den Austrittswillen, hält aber daran
fest, dass die Taufe nicht rückgängig gemacht werden kann. Deshalb wird sie im Falle der Wiederaufnahme auch nicht wiederholt. Weil der Austritt die Mitgliedschaft beendet, erlischt der
Anspruch auf kirchliche Dienste und auf Mitwirkungs- und An-
stellungsrechte in der Kirche, die an die kirchliche Zugehörigkeit gebunden sind (z. B. das Patenamt). Ausgetretenen ist aber
weiterhin der Zuspruch Gottes zu bezeugen, besonders in Krisenzeiten. Die Einladung zum Wiedereintritt kann in seelsorgerlicher Verantwortung durch Angebote der Lebensbegleitung
(Seelsorge, Trauung, Trauerfeier) unterstrichen werden.

Biblische Grundlagen und theologische Orientierung

Der Begriff der Kirchenmitgliedschaft geht auf die neutestament-
liche Bezeichnung der Christinnen und Christen als »Glieder am
Leib Christi« zurück (1 Kor 12,27). Denn die Gemeinde ist nur
in der Beziehung zu Jesus Christus christliche Gemeinde. Ihre
Glieder sind aufeinander angewiesen und sorgen »in gleicher
Weise füreinander« (1 Kor 12,25).

Wenn das Neue Testament von »Kirche« oder »Gemeinde« spricht, meint es die jeweilige gottesdienstliche Versammlung. Dieses Verständnis von Gemeinde findet sich vor allem in
den Briefen des Apostels Paulus (z. B. 1 Kor 11,18). Auch wenn
alle an einem Ort lebenden Christinnen und Christen als »Gemeinde« bezeichnet werden (z. B. Apg 8,1), geht es noch um
diese gottesdienstliche Versammlung. Die gesamte Christenheit
kann als »Gemeinde« benannt werden, verwirklicht sie sich doch
in ihren Versammlungen an den verschiedenen Orten (Epheserbrief).

Die Apostelgeschichte schildert den Weg in die Gemeinde beispielhaft: Aus dem Hören der Christusbotschaft folgen der
Glaube, die Taufe und die verbindlich gelebte Gemeinschaft.
Begründet wird die Zugehörigkeit zur Gemeinde durch das Bekenntnis zu Jesus Christus: »Wenn du mit dem Munde bekennst,
dass Jesus der Herr ist, und in deinem Herzen glaubst, dass ihn
Gott von den Toten auferweckt hat, so wirst du gerettet« (Röm 10,9)
und durch die Taufe, auf die alle Gemeindeglieder angesprochen
werden können: »Wir sind durch einen Geist alle zu einem Leib
getauft« (1 Kor 12,13; vgl. Röm 6,3). Das sind sichtbare Zeichen der Zugehörigkeit wie auch die Teilnahme an den Gemein-
deversammlungen, in denen Christus verkündigt und das Abendmahl gefeiert wird: »Sie blieben aber beständig in der Lehre der
Apostel und in der Gemeinschaft und im Brotbrechen und im
Gebet« (Apg 2,42).

Die frühe Christenheit setzte für die Taufe das persönliche Bekenntnis von Erwachsenen voraus. Im Laufe der geschichtlichen Entwicklung wurde jedoch die Kindertaufe mehr und mehr
zur üblichen Form der Aufnahme in die Kirche. Dabei sprechen

Eltern, Paten und Gemeinde das Bekenntnis (vgl. zur Bedeutung der Kindertaufe das Kapitel Taufe). Der persönlichen und
kirchlich geregelten Beitrittsentscheidung Einzelner, wie sie in
der Anfangszeit der Kirche üblich war und heute wieder an Bedeutung gewonnen hat, steht der elterliche Aufnahmewunsch,
wie er der Kindertaufe zugrunde liegt, gleichwertig zur Seite.

Die Kirche verdankt sich ihrem Ursprung nach nicht dem
Entschluss von Menschen, die ihr angehören, sondern dem
Evangelium von Jesus Christus, das durch die Wortverkündigung und durch die Feier der Sakramente bezeugt wird. Der
Kleine Katechismus Martin Luthers formuliert das so: »Ich glaube, dass ich nicht aus eigener Vernunft noch Kraft an Jesus
Christus, meinen Herrn, glauben oder zu ihm kommen kann;
sondern der Heilige Geist hat mich durch das Evangelium berufen, mit seinen Gaben erleuchtet, im rechten Glauben geheiligt und erhalten; gleichwie er die ganze Christenheit auf Erden
beruft, sammelt, erleuchtet, heiligt und bei Jesus Christus erhält im rechten, einigen Glauben«.

Wer Mitglied der Kirche ist, gehört auch zu der Gemeinschaft von Jesus Christus, die Menschen aus allen Epochen, Erd-
teilen, Völkern und Rassen umfasst. Diese Gemeinschaft im Glauben verbindet die Vielzahl von Kirchen und Konfessionen untereinander zu einer globalen Gemeinschaft.

Regelungen[21]

1. Kirchenmitgliedschaft
Innerhalb der Evangelischen Kirche in Deutschland sind Kir-
chenmitglieder die getauften evangelischen Christinnen und
Christen, die ihren Wohnsitz oder gewöhnlichen Aufenthalt im
Bereich einer Gliedkirche der EKD haben, es sei denn, dass sie
aus der evangelischen Kirche ausgetreten sind oder einer ande-

---

21. Vgl. Kirchengesetz über die Kirchenmitgliedschaft, das kirchliche Meldewesen und den Schutz der Daten der Kirchenmitglieder vom 10.11.1976 (ABl.
der EKD 1976, S.289).

ren evangelischen Kirche oder Religionsgemeinschaft angehören. Die Kirchenmitgliedschaft besteht zur Kirchengemeinde und
zur Gliedkirche des Wohnsitzes des Kirchenmitgliedes und
zugleich auch zur EKD (§1 Abs. 2 des Kirchenmitgliedschafts-
gesetzes der EKD v. 10.11.1976). Die Zugehörigkeit zu einer
Kirchengemeinde kann abweichend geregelt sein.

2. Wohnsitzwechsel

Bei einem Wohnsitzwechsel in den Bereich einer anderen Gliedkirche der EKD setzt sich die Kirchenmitgliedschaft in der Gliedkirche des neuen Wohnsitzes fort, wenn sich das Kirchenmitglied nicht einer anderen evangelischen Kirche im Bereich dieser Gliedkirche anschließt und dies der zuständigen kirchlichen
Stelle innerhalb eines Jahres nachweist (§ 8 Abs. 1 Kirchenmit-
gliedschaftsgesetz der EKD). Aus dem Ausland zuziehende Evangelische erwerben durch eine Erklärung die Mitgliedschaft.

3. Rechte und Pflichten

(1) Die Kirchenmitglieder haben das Recht, am kirchlichen Le-
    ben teilzunehmen; sie können den Dienst der Verkündigung,
    Spendung der Sakramente, Amtshandlung, Seelsorge und
    Diakonie in Anspruch nehmen; das Patenamt ausüben; an
    der Urteilsbildung über die rechte Lehre Anteil nehmen; ge-
    ordnete Dienste und leitende Ämter in der Kirche nach ent-
    sprechender Vorbereitung ausüben; an der Leitung der Ge-
    meinde nach Maßgabe des kirchlichen Rechtes – auch durch
    die Ausübung des aktiven und passiven Wahlrechts – teil-
    nehmen.

(2) Von jedem Kirchenmitglied wird erwartet, dass es sich an
    der Erfüllung des kirchlichen Auftrages in Zeugnis und
    Dienst beteiligt. Kirchliche Mitarbeiterinnen und Mitarbei-
    ter sollen die Ziele der Kirche mittragen und ihr Ansehen
    fördern.

(3) Die Kirchenmitglieder sind verpflichtet, den Dienst der Kir-
    che durch Leistung der gesetzlich geordneten kirchlichen
    Abgaben mitzutragen und staatlichen wie kirchlichen Stel-
    len die in diesem Zusammenhang erforderlichen Angaben

zu machen. Sie sollen darüber hinaus die Arbeit der Kirche
durch Spenden unterstützen.

(4) Gliedkirchliche Rechtsvorschriften, die die Ausübung kirchlicher Rechte von besonderen Voraussetzungen, insbesondere
von der Zulassung zum Abendmahl, abhängig machen, bleiben unberührt.

4. Beendigung der Kirchenmitgliedschaft

Die Kirchenmitgliedschaft endet mit – nicht nur vorübergehen-
dem – Fortzug aus dem Bereich der EKD, durch Übertritt zu
einer anderen Kirche gemäß einer Übertrittsvereinbarung oder
durch den Austritt nach staatlichem Recht.

5. Der Kirchenaustritt

Der Kirchenaustritt hebt die in der Taufe begründete Gotteskind-
schaft nicht auf. Wenn bekannt wird, dass jemand beabsichtigt,
aus der Kirche auszutreten, soll die Pfarrerin oder der Pfarrer
mit der oder dem Betreffenden ein seelsorgerliches Gespräch
suchen und auf die Konsequenzen dieses Schrittes aufmerksam
machen. Es ist darauf zu achten, dass die kirchlichen Angebote
die Ausgetretenen weiterhin erreichen und sie zum Wiedereintritt einladen.

Wer aus der Kirche austritt, verliert die Zulassung zum
Abendmahl und alle kirchlichen Rechte, z. B. das kirchliche
Wahlrecht. Ein bestehendes Patenamt ruht.

6. Wiederaufnahme, Aufnahme und Übertritt

Wer getauft ist, kann nach gliedkirchlichem Recht in seiner Kirchengemeinde oder in einer dafür eingerichteten Eintrittsstelle
aufgenommen werden. Wer einer anderen christlichen Kirche
angehört hat, muss zuvor aus dieser austreten, sofern nicht zwischen den beteiligten Kirchen eine Übertrittsmöglichkeit vereinbart ist. Der Wiederaufnahme, Aufnahme bzw. dem Übertritt soll eine Unterweisung im christlichen Glauben vorausge-
hen; sofern eine solche entbehrlich erscheint, soll zumindest
ein seelsorgerliches Gespräch geführt werden. Nach gliedkirchlichem Recht bestehende weitere Voraussetzungen bleiben un-

berührt. Der Wiederaufnahme, Aufnahme bzw. dem Übertritt
soll die Teilnahme am Abendmahl folgen.

7. Gemeindegliederverzeichnis und kirchliches Meldewesen
Für jede Kirchengemeinde wird ein Gemeindegliederverzeichnis geführt. Es enthält die Daten über die Kirchenmitglieder mit
ihren Familienangehörigen. Das Gemeindegliederverzeichnis ist
mit Hilfe der von den staatlichen Meldebehörden übermittelten
Daten stets aktuell zu halten. Die Regelungen des Datenschutz-
gesetzes der EKD sind anzuwenden.

2. Dienst, Mitarbeit und Leitung in Kirche und Gemeinde

Wahrnehmung der Situation

Christinnen und Christen sind Zeuginnen und Zeugen des Evangeliums im Beruf und in der Öffentlichkeit, in der Familie und in der Kirche. Neben diesem Dienst beteiligen sie sich in Gruppen und Gremien der Gemeinden und der kirchlichen Einrichtungen. Auf den ersten Blick hat es den Anschein, als ob die beruflich in der Kirche Tätigen, wie die Pfarrerinnen und Pfarrer oder andere hauptamtliche Mitarbeiterinnen und Mitarbeiter, den größten Teil des kirchlichen Dienstes leisten. Doch größer als deren Zahl ist die Zahl der Ehrenamtlichen. Unter ihnen ist der Anteil der Frauen erheblich höher als der der Männer.

Die Arbeit der Kirche ist ohne ehrenamtliches Engagement nicht denkbar. Ehrenamtliche Mitarbeit beruht auf Freiwilligkeit und wird unabhängig von der Erwerbstätigkeit und neben dieser ausgeübt. Sie geschieht unentgeltlich. Gelegentlich arbeiten auch Personen mit, die der Kirche nicht angehören. Die seit dem 19. Jahrhundert in großem Umfang gewachsene ehrenamtliche Mitarbeit ist auch von großer sozialer Bedeutung für die Gesellschaft, z. B. in der Arbeit mit Kindern und Jugendlichen, im Rahmen von Besuchsdiensten, in der Telefonseelsorge u. v. a.

Alle Getauften und Gläubigen sind gleichermaßen von Gott berufen und ermächtigt, die christliche Botschaft am je eigenen Ort glaubwürdig zu bezeugen. Jede Mitarbeit in der Kirche, ob sie beruflich oder ehrenamtlich geschieht, dient dem gemeinsamen Ziel. Dabei gibt es Unterschiede in den Aufgaben, in Zuständigkeiten und der Verantwortung. Das wird auch an den verschiedenen Berufsbildern der im Verkündigungsdienst Tätigen deutlich. Pfarrerinnen und Pfarrer haben aufgrund ihrer Ordination eine besondere Verantwortung.

Bei den beruflich wahrgenommenen Diensten ist es insbesondere seit den 70er-Jahren des 20. Jahrhunderts zu einer

Vermehrung, Ausdifferenzierung und Professionalisierung gekommen. Auf allen Ebenen der Kirche – von der Gemeinde über
den Kirchenkreis bis hin zur Landeskirche – wurden spezielle
Stellen errichtet, z. B. für Seelsorge, Fortbildung, Medien- und
Zielgruppenarbeit. Viele Aufgaben können dadurch sachgerech-
ter wahrgenommen werden. Die unterschiedlichen Funktionen
und Qualifikationen haben unterschiedliche rechtliche und finanzielle Anstellungsbedingungen zur Folge.

Strukturveränderungen und begrenzte Finanzen führen
gegenwärtig zu einer erheblichen Reduzierung von Stellen. Außerdem gibt es vor allem im Bereich der Diakonie das Problem,
genügend fachlich geeignete Mitarbeiterinnen und Mitarbeiter
zu finden, die auch in der Kirche beheimatet sind oder ihr angehören. In dieser Situation werden große Erwartungen an Ehrenamtliche gerichtet, sich intensiver zu engagieren. An vielen Orten übernehmen sie tatsächlich auch Dienste, die bisher von beruflich Tätigen ausgeübt wurden.

Auf dem Hintergrund dieses tiefgreifenden Wandels im
kirchlichen Dienst erörtern alle genannten Personengruppen das
Besondere ihres jeweiligen Auftrags, um die verschiedenen Formen der Mitarbeit in der Kirche in ihrem Verhältnis zueinander
neu zu bestimmen. Über Ehrenamtlichkeit wird intensiv nachgedacht, über das Pfarrerbild diskutiert und die Dienstgemeinschaft aller Mitarbeiterinnen und Mitarbeiter erörtert. Dabei tritt
die evangelische Überzeugung in den Vordergrund, dass alle
Ämter und Dienste in der Kirche von dem einen Auftrag und
Amt der Kirche her zu verstehen sind, das Evangelium zu verkündigen. Weil alle Christinnen und Christen einander das heil-
schaffende Wort Gottes zusprechen können, also füreinander
»Priester« sind, wird heute die besondere Aufmerksamkeit auf
die Gestaltung des gemeinsamen Dienstes gelegt.

Dieser Grundgedanke des allgemeinen Priestertums aller
Gläubigen wird u. a. beim Zusammenwirken von Haupt- und
Ehrenamtlichen bei der Leitung der Gemeinden und der Kirche
konkret: In Kirchenvorständen, Kirchenleitungen und Synoden
wirken Ordinierte und Nichtordinierte mit der Chance wechselseitiger Anregung und Ergänzung zusammen. Diese theologisch

begründete Arbeitsteilung kann zu Spannungen führen; manche Mitarbeiterinnen und Mitarbeiter zeigen sich enttäuscht darüber, wie in der Kirche Leitung wahrgenommen wird und Entscheidungsbefugnisse verteilt sind.

Viele Menschen, auch der Kirche Fernstehende, möchten an Mitarbeiterinnen und Mitarbeitern der Kirche erkennen, wie ein Leben aus dem Evangelium aussehen kann. Deshalb findet deren Verhalten in der Öffentlichkeit besondere Beachtung. Durch diese Erwartung erleben sich manche kirchlichen Mitarbeiterinnen und Mitarbeiter mitunter belastet, andere fühlen sich dadurch gewürdigt und beachtet. Sie entdecken ihre Fähigkeiten, können sich fortbilden und nehmen sinnvolle Aufgaben wahr.

Biblische Grundlagen und theologische Orientierung

Dienst ist ein zentraler Inhalt des christlichen Lebens. Der in der Taufe verliehene Geist begabt jede Christin und jeden Christen zu je eigenem Dienst »zum Nutzen aller« in der Gemeinde (1 Kor 12,7) und zum Dienst in der Welt (vgl. Röm 12). Dieses Verständnis von Dienst ist wesentlich geprägt vom Wort und Verhalten Jesu, der die Bedeutung des Dienens immer wieder betont und den Seinen bis an das Kreuz vorgelebt hat: »Wer groß sein will unter euch, der soll euer Diener sein ... Denn auch der Menschensohn ist nicht gekommen, dass er sich dienen lasse, sondern dass er diene und sein Leben gebe als Lösegeld für viele« (Mk 10,43.45). Durch diesen Dienst Jesu Christi sind wir mit Gott versöhnt und an Christi statt nun selbst zu Botschafterinnen und Botschaftern der Versöhnung geworden (2 Kor 5,17-20). Durch ihr so gestiftetes neues Verhältnis zu Gott kann im Neuen Testament die Gemeinde auch als »Priesterschaft aller Gläubigen« und können die Glaubenden als königliche Priester bezeichnet werden (1 Petr 2,5.9; vgl. Ex 19,6). Gemeint ist damit, dass alle Glaubenden ein unmittelbares Verhältnis zu Gott haben und sich als Gemeinschaft von Auserwählten Gottes in bezeugendem und missionarischem Dienst befinden.

Aus den neutestamentlichen Briefen ist erkennbar, dass in diesem Dienst am Evangelium einzelne Frauen und Männer als Mitarbeiterinnen und Mitarbeiter besondere Verantwortung übernommen, sich besonders bemüht und auch zahlreiche Entbehrungen auf sich genommen haben (1 Kor 16,16; Phil 4,3). Diese besondere Form der Mitarbeit wurde als eigene Gabe verstanden, wie alle anderen Ämter in der Gemeinde auch. Gemeinsam ist allen Ämtern der Nutzen für den Aufbau des Leibes Christi: »Er hat einige als Apostel eingesetzt, einige als Propheten, einige als Evangelisten, einige als Hirten und Lehrer, damit die Heiligen zugerüstet werden zum Werk des Dienstes. Dadurch soll der Leib Christi erbaut werden« (Eph 4,11).

Auch die Leitung der Gemeinde wird im Neuen Testament als Dienst verstanden, der am Dienst Jesu Christi orientiert ist (vgl. 2 Kor 11). Anfangs existierten verschiedene Modelle von Gemeindeleitung nebeneinander.

Mit dem Wachsen der Kirche wurden zunehmend feste Institutionen und überregionale Leitungsstrukturen erforderlich. In der frühen Kirche verfestigten sich im Laufe der Zeit die ursprünglich in freier Form wahrgenommenen Dienste, darunter auch der Dienst der Leitung.

Nach evangelisch-lutherischer Überzeugung stehen das Christsein/das Christwerden mit dem Werden und Wachsen von Kirche und Gemeinde in einem unmittelbaren Zusammenhang. Glaube und Gemeinschaft der Glaubenden entsteht, indem der Heilige Geist, wo und wann Gott will, in denen, die das Evangelium von Jesus Christus hören, Glauben wirkt (Augsburger Bekenntnis Artikel 5).

Luther betont das Priestertum aller Gläubigen und betrachtet alle Christen als »geistlichen Standes ... Priester, Bischöfe und Päpste«. Zu dieser priesterlichen Würde tritt der priesterliche Dienst, den alle Christen für ihre Nächsten zu verrichten bevollmächtigt und verpflichtet sind. Dabei unterscheidet Luther zwischen der Ausübung des allgemeinen Priestertums im privaten und im öffentlichen Bereich. Im Blick auf die öffentliche Verkündigung hält er es allerdings für erforderlich, dass die Gemeinde besonders ausgebildete Personen im Namen der Kir-

che mit der Wortverkündigung und Sakramentsverwaltung beauftragt (Augsburger Bekenntnis Artikel 14). Nach der lutherischen Zwei-Regimenten-Lehre ist mit der Amtsvollmacht auch
die Aufgabe verbunden, Ordnungen und Gesetze der Kirche kon-
sequent anzuwenden.

In der Folgezeit der Reformation lag die Leitung der evangelischen Landeskirchen bei den Landesherren und den Konsis-
torien. Erst im Laufe des 19. Jahrhunderts kam es allmählich zur
Ausbildung synodaler Elemente in der Kirchenverfassung, wo-
durch zunehmend Gemeindeglieder an der Gestaltung des kirchlichen Lebens und der Leitung der Gesamtkirche beteiligt wurden. Das im 19. Jahrhundert aufblühende kirchliche Vereinswesen zeigte die wachsende Bereitschaft von Gemeindegliedern zur
ehrenamtlichen Mitarbeit auf neuen kirchlichen Arbeitsfeldern
(z. B. Innere Mission, CVJM, Ev. Frauenhilfe).

Nach Wegfall des landesherrlichen Kirchenregiments und
wegen bedrängender Erfahrungen des Kirchenkampfes ist das
Bewusstsein für die Bedeutung des Miteinanders von beruflich
und ehrenamtlich in der Leitung von Gemeinde und Kirche Tätigen gewachsen.

Die zentrale Aufgabe der Gemeinde ist die Verkündigung
des Wortes Gottes. Dieser Dienst wird durch das Zeugnis der
Christinnen und Christen im Alltag, durch Pfarrerinnen und Pfarrer sowie durch Mitarbeiterinnen und Mitarbeiter in der kate-
chetischen, diakonischen und pädagogischen Arbeit, im Verwal-
tungsdienst und in der Kirchenmusik wahrgenommen.

Die öffentliche Verkündigung und Sakramentsverwaltung
wird von dazu ausgebildeten und öffentlich berufenen (ordinierten) Gemeindegliedern, in der Regel den Pfarrerinnen und
Pfarrern, ausgeübt. Diese sind dabei an Schrift und Bekenntnis
gebunden. Sie tragen eine besondere Verantwortung für die Einheit der Gemeinde und die Gesamtkirche. Auch andere Mitarbeiterinnen und Mitarbeiter und Gemeindeglieder können als
Prädikantinnen und Prädikanten oder als Lektorinnen und Lektoren mit diesem Dienst beauftragt werden.

Um dem Auftrag der Gemeinde und den unterschiedlichen Herausforderungen entsprechen zu können, sind über den

pfarramtlichen, seelsorgerlichen, gemeindepädagogischen und kirchenmusikalischen Dienst hinaus ausgebildete Fachkräfte auf vielen Gebieten unerlässlich, z. B. in den Kindertagesstätten, in der Verwaltung sowie bei den sozialen und pflegerischen Arbeiten.

Zu beachten ist dabei immer: Die Differenzierung der Dienste und Ämter begründet »keine Herrschaft der einen über die anderen« (Barmer Theologische Erklärung, 4. These).

Weil der Auftrag der Kirche in der Bezeugung des Evangeliums besteht, stellt die evangelische Kirche in der Regel nur solche Personen ein, die ihr angehören. Es gilt der Grundsatz, dass die Bereitschaft zur Übernahme von Diensten in der Kirche Ausdruck von Kirchenmitgliedschaft ist. Die Kirche macht damit von ihrem Selbstbestimmungsrecht Gebrauch, das verfassungsrechtlich verbürgt ist. Das staatliche Arbeitsrecht lässt den Kirchenaustritt als Kündigungsgrund zu. Dennoch werden vor allem im diakonischen Bereich aufgrund der besonderen Verhältnisse Personen beschäftigt, die nicht der evangelischen Kirche oder einer Kirche der Arbeitsgemeinschaft Christlicher Kirchen (ACK) angehören.

Die Leitung der Gemeinde obliegt dem Kirchenvorstand, zu dem mehrheitlich Gemeindeglieder gehören, die von der Gemeinde für eine bestimmte Zeit gewählt werden, ferner die Pfarrerinnen und Pfarrer sowie in manchen Gliedkirchen auch andere Mitarbeiterinnen und Mitarbeiter. Eine wichtige Aufgabe des Kirchenvorstandes besteht darin, die Schriftgemäßheit der Verkündigung zu beurteilen. Um diese Aufgabe angemessen wahrnehmen zu können, ist eine kontinuierliche inhaltliche Arbeit im Kirchenvorstand unumgänglich. Er sorgt ebenso für die äußeren Bedingungen des Gemeindelebens (Finanzen, Gebäude, Anstellung von Mitarbeiterinnen und Mitarbeitern). Ebenso bemüht er sich darum, dass die verschiedenen Ämter und Dienste dem Aufbau der Gemeinde und dem Zeugnis in der Welt dienen. Zur Leitungsverantwortung des Kirchenvorstandes gehört auch, den Kontakt zur Gesamtkirche zu halten und Erfahrungen und Fragen der weltweiten Christenheit in die regionale Ortsgemeinde einzubringen.

Weil alle Ämter und Dienste zum Gemeindeaufbau bei-
tragen und zusammenwirken sollen, werden sowohl berufliche
als auch ehrenamtliche Mitarbeiterinnen und Mitarbeiter unter
Gebet und Segen eingeführt. Denn für alle gilt das Wort Christi:
»Wer in mir bleibt und ich in ihm, der bringt viel Frucht; denn
ohne mich könnt ihr nichts tun« (Joh 15,5).

Regelungen[22]

1. Dienst der Verkündigung und weitere Dienste

(1) Die öffentliche Wortverkündigung und Sakramentsverwaltung wird in der Regel von dazu besonders ausgebildeten
und öffentlich berufenen (ordinierten) Mitarbeiterinnen und
Mitarbeitern wahrgenommen.

(2) Mit diesem Dienst können auch andere hierfür ausgebildete
Gemeindeglieder beauftragt werden. Die Beauftragung von
Lektorinnen und Lektoren oder Prädikantinnen und Prädi-
kanten erfolgt nach gliedkirchlichem Recht für eine begrenzte
Zeit und einen bestimmten Ort.

(3) Zu den Aufgaben der Kirche gehören außerdem weitere
Dienste in der Verkündigung sowie Dienste am Nächsten und
an der Gesellschaft, vor allem im Bereich der Diakonie und
anderer Werke und Einrichtungen sowie in der Verwaltung.
Für den Dienst der Mitarbeiterinnen und Mitarbeiter sind
die geltenden Regelungen (z. B. Kirchengemeindeordnun-
gen, Mitarbeitergesetze und Dienstvertragsordnungen, Kir-
chengesetze oder Leitlinien für Ehrenamtliche) maßgeblich.

2. Dienstgemeinschaft

(1) Der gemeinsame Auftrag der Bezeugung und Verkündigung
des Evangeliums verpflichtet die Mitarbeiterinnen und Mitarbeiter zu vertrauensvoller Zusammenarbeit. Sie nehmen
ihn in einer gegliederten Verantwortung wahr.

---

22. Vgl. Evangelisches Gottesdienstbuch.

(2) Durch die öffentliche Vorstellung und Einführung der Mitarbeiterinnen und Mitarbeiter in einem Gottesdienst bekräf-
tigt die Gemeinde die Dienstgemeinschaft aller.

(3) Die Beschäftigung im kirchlichen Dienst setzt grundsätzlich die Zugehörigkeit zu einer Gliedkirche der EKD voraus. Über Ausnahmen entscheidet das gliedkirchliche Recht.

(4) Die Mitglieder der Kreis- und Landessynoden sollen
insbesondere der Einheit der Kirche dienen und ihren Auftrag verantwortlich gestalten. Gegensätzliche Meinungen und
Positionen sollen in Offenheit und gegenseitiger Achtung aus-
getragen werden und das Bemühen um Gemeinsamkeit im
Vordergrund stehen.

3. Einführung in den Dienst und Verabschiedung[23]

Wer mit beruflichem oder ehrenamtlichem Dienst in der Gemeinde beauftragt wird, soll ihr vorgestellt und mit Gebet und Segen
im Gottesdienst eingeführt werden. Auch die Verabschiedung aus
dem Dienst sollte in gottesdienstlicher Form begangen werden.

4. Zusammenarbeit[24]

(1) Dem Zusammenwirken von beruflichen und ehrenamtlichen
Mitarbeiterinnen und Mitarbeitern in der Gemeinde ist besondere Aufmerksamkeit zu schenken. Einmal jährlich soll
bei einer Begegnung aller Mitarbeiterinnen und Mitarbeiter
Gelegenheit sein, sich des gemeinsamen Auftrags zu vergewissern und Anerkennung für den geleisteten Dienst auszu-
sprechen.

(2) Mitarbeiterinnen und Mitarbeiter der verschiedenen Dienst-
bereiche sollen sich über Planungen und Projekte austauschen.

(3) Alle beruflich tätigen Mitarbeiterinnen und Mitarbeiter treffen sich regelmäßig zu Dienstbesprechungen, in die auch die
ehrenamtlich Tätigen in geeigneter Weise einzubeziehen sind.

23. Vgl. Liturgische Handreichung »Gottesdienste zum ehrenamtlichen Dienst in
    der Kirche«, hrsg. von der Kirchenleitung der VELKD 2001.
24. Vgl. für die ELKB: Kirchengesetz über den Dienst, die Begleitung und die
    Fortbildung von Ehrenamtlichen in der Evangelisch-Lutherischen Kirche in
    Bayern (Ehrenamtsgesetz-EAG) vom 11.12.2000 (RS 802).

(4) Um einer vertrauensvollen und effektiven Zusammenarbeit
    der Mitarbeiterinnen und Mitarbeiter willen ist eine klare
    Bestimmung und Abgrenzung der Aufgaben unerlässlich.
(5) Allen Mitarbeitenden soll im Rahmen der rechtlichen Mög-
    lichkeiten Zugang zu den für ihren Auftrag notwendigen In-
    formationen gewährt werden.

5. Förderung der Mitarbeiterinnen und Mitarbeiter

Wer in Kirche und Gemeinde mitarbeitet, sollte seelsorgerlich
begleitet und seinen Gaben entsprechend fortgebildet und gefördert werden. Die Kirchen und Gemeinden stellen in ihren Haus-
halten entsprechende Mittel für die Fortbildung der Mitarbeitenden ein.

6. Ersatz von Kosten

Notwendige Kosten für die Wahrnehmung des Dienstes in Kirche und Gemeinde werden nach vorheriger Genehmigung erstattet. Wiederkehrende Kosten können pauschaliert und als Auf-
wandsentschädigungen erstattet werden. Nach gliedkirchlichem
Recht können Entschädigungen für Verdienstausfall gezahlt werden.

7. Gemeindeleitung

Die Leitung der Gemeinde wird grundsätzlich von Pfarramt und
Kirchenvorstand gemeinsam wahrgenommen. Näheres regelt das
gliedkirchliche Recht.

3. Geld, Vermögen und wirtschaftliches Handeln der Kirche

Wahrnehmung der Situation

Wie die Kirche mit ihrem Eigentum umgeht und wie sie ihr wirtschaftliches Handeln gestaltet, interessiert viele Menschen. In ihrem wirtschaftlichen Handeln ist die Kirche nicht nur an die Gesetzmäßigkeiten der Ökonomie gebunden; ihr Handeln auf diesem Gebiet wird auch in Verbindung mit den Inhalten ihrer Verkündigung gesehen. So wird besonders auf den Umgang mit Spenden geachtet, eine verantwortliche Praxis der Geldanlage von den Kirchen gefordert und der Gesichtspunkt des Teilens und der Solidarität in Erinnerung gerufen.

In Deutschland ist die Kirchensteuer die wichtigste Einnahmequelle der Kirchen. Die Kirchensteuer wird als Zuschlagsteuer in Höhe von 8 bzw. 9 Prozent der Lohn- und Einkommenssteuer erhoben. Auch Ehepaare, die gemeinsam zur Steuer veranlagt werden und bei denen nur der oder die Gering- oder Nichtverdienende der Kirche angehört, gelten in den meisten Gliedkirchen als kirchensteuerpflichtig. Wer viel Steuern zahlt, hat entsprechend hohe Kirchensteuer zu entrichten. Dies ist ein wesentliches Mittel zur Finanzierung vieler Aufgaben der Kirche. Im Auftrag der Kirche wird sie von allen Kirchenmitgliedern, sofern sie steuerpflichtig sind, durch die Finanzämter mit der Lohn- bzw. Einkommenssteuer erhoben. Die dabei dem Staat entstehenden Kosten werden pauschal durch die Kirche abgegolten; der kirchliche Verwaltungsaufwand wird dadurch gering gehalten. Von manchen Kirchenmitgliedern wird der Abzug durch das Finanzamt jedoch als ärgerlich empfunden. Mitunter wird auch kritisiert, dass Kirchenmitglieder auf die Verwendung ihrer Kirchensteuer keinen direkten Einfluss nehmen können. Für die Kirchen ist diese Form des Kirchensteuereinzugs eine verlässliche Grundlage für die kirchliche Haushaltsplanung, obwohl das Kirchensteueraufkommen von

Konjunkturschwankungen und Änderungen im Steuerrecht abhängig ist.

Gemeindeglieder, die keine Lohn- und Einkommenssteuer
zahlen, werden auch nicht zur Kirchensteuer herangezogen. Weil
dies ca. 2/3 aller Kirchenmitglieder betrifft, gewinnen andere
Steuern und regelmäßige Einnahmen an Bedeutung, um die die
Kirche alle Gemeindeglieder bittet, z. B. der Gemeindebeitrag
bzw. das Gemeindekirchgeld.

Neben den festen Einnahmen der Kirche stehen Kollekten, Geld- oder Sachspenden und andere Zuwendungen, z. B.
Vermächtnisse. In letzter Zeit bekommen Spendenmarketing und
Fundraising bei der Finanzierung von kirchlichen Projektaufga-
ben Gewicht. Dies sind aber nicht nur Wege der Mittelbeschaf-
fung, sondern auch Möglichkeiten der Kontaktpflege. Hier werden Gemeinde und Öffentlichkeit zu verschiedenen Gelegenheiten und in vielfältiger Form direkt angesprochen. Entscheidend
ist, ob und wie weit der Zweck einleuchtet, für den gesammelt
wird. Kirchenmitglieder sehen in ihrer Spendenbereitschaft auch
eine Form der Beteiligung und Mitverantwortung an kirchlichen
Aufgaben in ihrem unmittelbaren Lebensumfeld. Aber auch
Nicht-Kirchenmitglieder spenden für kirchliche Zwecke.

Einen Teil des kirchlichen Vermögens bilden Immobili-
en, z. B. Kirchen, Pfarrhäuser, Gemeindezentren. Ihre Erhaltung und Nutzung stellt Kirche und Gemeinden heute vor erhebliche Probleme. Der Grundbesitz der Kirche steht ihr zur
Erfüllung ihrer Aufgaben zum großen Teil seit Jahrhunderten
zur Verfügung.

Zu den Einnahmen der Kirche tragen auch die Staatsleis-
tungen bei. Das sind Rechtsverpflichtungen des Staates gegenüber der Kirche, die sich aus den Säkularisierungsvorgängen des
19. Jahrhunderts ergeben haben (u. a. Reichsdeputationshaupt-
schluss 1803). Ihr Bestand ist durch Grundgesetz und Länderge-
setze, in der Regel auch durch Staatskirchenverträge, garantiert.
Diese Leistungen sind zu unterscheiden von den zweckgebun-
denen Zuschüssen des Staates oder der Kommunen an die Kirche, wenn sie im diakonischen und sozialen Bereich Aufgaben
(z. B. Beratungsarbeit, Kindergärten) der gesamten Gesellschaft

übernimmt. Engagiert sie sich z. B. in der Denkmalpflege und im Bildungs- und Schulwesen, so stellen Bund und Länder dazu Fördermittel bereit.

Die Einnahmen der Kirchen und Gemeinden fließen überwiegend den Landeskirchen zu und werden von diesen verwaltet und verteilt. Die Grundlage dafür bilden von Synoden, Kirchenleitungen und Kirchenvorständen beschlossene Haushaltspläne.

Etwa 2/3 der kirchlichen Ausgaben sind Personalkosten, wie überall, wo vorwiegend Dienstleistungen erbracht werden. Die Besoldung der Pfarrerinnen und Pfarrer ist an staatliche Bestimmungen angelehnt. Auch die Gehälter der übrigen kirchlichen Mitarbeiterinnen und Mitarbeiter werden in Anlehnung an die Tarife des öffentlichen Dienstes bemessen.

Bei den Sachkosten der Kirche macht die Bauunterhaltung einen großen Anteil aus. Dabei steht die Sicherung und Sanierung der Kirchengebäude im Vordergrund, die zum kulturellen Erbe unseres Volkes gehören. Hier sind die Kirchen auf die Mitverantwortung der gesamten Gesellschaft angewiesen. Wo sich die Bauunterhaltung angesichts anderer kirchlicher Aufgaben nicht mehr vertreten lässt, wird inzwischen auch über alternative Nutzungskonzepte oder Verkauf nachgedacht.

Die Landeskirchen und die Gemeinden üben untereinander und weltweit Solidarität, indem in erheblichem Umfang Finanzmittel aus den aufkommenstärkeren in die aufkommenschwächeren Regionen fließen.

Viele beruflich und ehrenamtlich in Kirche und ihrer Diakonie Tätige beschäftigt die Problematik von Geld, Vermögen und wirtschaftlichem Handeln. Insbesondere wenn die Mittel knapper werden, wird gefragt, welche Arbeitsbereiche und Strukturen beibehalten werden können und welche nicht mehr finanzierbar sind. Mitarbeitende haben Sorge um den Erhalt ihrer Arbeitsplätze. Diese Prioritätendiskussion ist nicht nur belastend, sondern hilft, neue Ideen zu entwickeln und fördert die Zusammenarbeit.

Biblische Grundlagen und theologische Orientierung

In den Aussagen des Alten und Neuen Testaments lassen sich zu
Geld und Vermögen einige Grundzüge erkennen: Das entschei-
dende Kriterium für alles wirtschaftliche Handeln ist die Gottesbeziehung, wenn es um den Umgang mit Geld, Besitz und öko-
nomischer Macht geht. Die Gottesbeziehung verpflichtet zur
sozialen Verantwortung für die Benachteiligten und damit für
das Gesamtwohl der Gesellschaft. Dabei ist wirtschaftliches
Handeln immer in das Wirtschaftssystem der jeweiligen Zeit ein-
gebunden. Diese Grundzüge werden erkennbar, wenn im Alten
Testament der Zehnte als Opfergabe an Gott verstanden und sowohl für den Unterhalt der am Tempel Beschäftigten wie auch
für wohltätige Zwecke verwendet wird (Num 18,24; Dtn 26,12).
Deutlich ist das ebenfalls im Verbot des Wuchers (Ex 22,24;
Lev 25,36). Das zeigt sich auch, wenn die Propheten den miss-
bräuchlichen Umgang der Reichen mit Macht und Geld gegenüber den Armen als Ausdruck einer gestörten Gottesbeziehung
verstehen und kritisieren (Am 8,4-6; Jes 1,21-23) oder auch wenn
sie dazu auffordern, durch Gebet und geschicktes wirtschaftliches Handeln den Bestand von Volk und Familie zu sichern:
»Suchet der Stadt Bestes ... und betet für sie zum Herrn; denn
wenn's ihr wohl geht, so geht's auch euch wohl« (Jer 29,7). Wird
mit Besitz unter diesen Maßgaben umgegangen, soll er auch geachtet und geschützt werden (Ex 20,2.15.17).

Auch im Neuen Testament steht die Gottesbeziehung im
Vordergrund, wenn ökonomische Sachverhalte zur Sprache kommen. In seinen Gleichnissen bezieht sich Jesus auf ökonomisches
Handeln, um die Beziehung zu den Menschen zu reflektieren
(vgl. Lk 16,1-8; 19,11-27), also nicht primär um Anweisungen
zum Umgang mit Wirtschaftsgütern zu geben.

Die Geldwirtschaft wird als selbstverständlich vorausge-
setzt. Nach Jesu Worten soll das Streben nach Gewinn und Geld
aber nicht die Oberhand über den Menschen erlangen: »Ihr könnt
nicht Gott dienen und dem Mammon« (Lk 16,13; Mt 6,24). Steu-
ernzahlen ist dann erlaubt und als bürgerliche Pflicht geboten, wenn gesichert ist, dass sich die Regierung nicht als göttlich

verehren lässt und die Einzigkeit Gottes gewahrt bleibt (Mk 12, 13-17). Reichtum stellt zwar eine Versuchung dar, muss aber kein schlechtes Gewissen verursachen, wenn er in Verantwortung gegenüber Gott und den Armen genutzt wird. Wer für das Reich Gottes arbeitet, ist auch seines Lohnes wert (Lk 10,7). Über Jesu eigenen unbefangenen Umgang mit Geld berichtet Lukas: Jesus und die ihn Begleitenden erhielten finanzielle Unterstützung durch wohlhabende Nachfolgerinnen (Lk 8,1-3).

Auch in apostolischer Zeit ändert sich nichts an dieser Bewertung wirtschaftlichen Handelns. Der Bericht über die Wahl der Sieben für den Dienst (*diakonia*) »bei den Tischen« (Apg 6,1-7) zeigt, dass eine ordnungsgemäße Verwaltung und Verteilung der materiellen Mittel schon sehr früh als besondere Aufgabe angesehen wurde. Der Apostel Paulus organisiert in seinen Gemeinden eine umfassende Kollekte für die Armen in der Jerusalemer Urgemeinde. Er hat auf dem »Apostelkonzil« (Gal 2, 1-10) die Durchführung dieser Kollekte zugesagt und erwähnt sie in der Mehrzahl seiner Briefe (vgl. 1 Kor 16,1-4; Röm 15, 26-28). Diesen Beitrag versteht Paulus als ein konkretes Zeichen für den Zusammenhalt der einzelnen, nicht nur räumlich sehr weit voneinander entfernten, sondern auch in ihren Glaubensüberzeugungen durchaus unterschiedlichen Gemeinden in der einen Kirche. Das Ziel der Kollekte ist die Herstellung von »Gleichheit«, also eine Art von Finanzausgleich zwischen den Gemeinden als Verwirklichung von Kirchengemeinschaft (2 Kor 8,13-15). Die materielle Gabe für die Armen in Jerusalem ist jedoch nicht nur ein Beitrag zur Beseitigung des konkreten Mangels. Sie ist zugleich auch ein Anlass für die Christinnen und Christen in Jerusalem, Gott zu danken und für diesen treuen Dienst zu preisen (2 Kor 9,12). Die Ausführungen des Paulus zur konkreten Organisation der Kollekte zeigen ebenfalls, dass der Zuverlässigkeit im Umgang mit anvertrautem Geld ein hoher Rang zukommt (2 Kor 8,20). Offenbar hatten die Gemeindeleiter das Geld der Gemeinde zu verwalten. Man war sich der möglichen Verlockungen bewusst, deshalb wurde nach 1 Tim 3, 1-7 von einem Gemeindeleiter gefordert, dass er nicht geldgierig sein dürfe.

Nach der Apostelgeschichte gab es in der Jerusalemer Urgemeinde einen gemeinsamen Besitz (Apg 2,44; 4,32-35). Die Erzählung vom Schicksal des Ananias und seiner Frau Saphira (Apg 5,1-11) lässt allerdings auch erkennen, dass die Gemeindeglieder nicht dazu verpflichtet waren, auf jegliches persönliche Eigentum zu verzichten. Von ihnen wurde jedoch erwartet, ehrliche Angaben über ihr Vermögen zu machen. Die Barnabas-Erzählung (Apg 4,36f.) steht dafür als ein positives Beispiel.

Das Kriterium der Fürsorge für die Armen wird in nachapostolischer Zeit geradezu ein Kennzeichen der Kirche. Immer wieder wird hervorgehoben, dass die Christen die ihnen anvertrauten Gelder treu verwalten. Ende des 2. Jahrhunderts wird der Kirchenbesitz als »Darlehen der Frömmigkeit« – bezeichnet, mit dem Bedürftige unterstützt werden. Seither wird kontrovers diskutiert, ob die Kirche das ihr anvertraute Geld nur treuhänderisch zu bewahren habe oder ob sie damit auch wirtschaftlich umgehen dürfe oder solle.

Die in der Gemeinde Verantwortlichen müssen deshalb darauf achten, dass das Vermögen dem Auftrag der Kirche untergeordnet bleibt. Die Verteilung bzw. Ausgabe der kirchlichen Mittel geschieht immer nur treuhänderisch im Namen Jesu Christi. Aber die kirchliche Vermögensverwaltung ist auch den Gesetzen der Ökonomie und den Mechanismen rechtlicher Regelungen unterworfen, die in einer säkularen Gesellschaft jeweils Gültigkeit haben. Die Gemeinden können sich in ihrem wirtschaftlichen Handeln solchen Gesetzen und Mechanismen nicht entziehen und brauchen dies auch nicht zu tun. Die Verantwortlichen müssen aber so sorgfältig und sachkundig wie möglich darauf achten, dass das Vermögen der Kirche nicht solchen Gesetzen und Mechanismen ausgeliefert wird, die zum Auftrag der Kirche im Widerspruch stehen.

Zu den wichtigsten Aufgaben der Kirche bei ihrem Umgang mit Geld, Vermögen und Besitz und bei ihrem wirtschaftlichen Handeln gehören Nachvollziehbarkeit, Information und Durchschaubarkeit bei Einnahmen und Ausgaben, eine angemessene Prioritätensetzung und die Bereitschaft, wirtschaftliches Handeln am Verkündigungsauftrag auszurichten. Die Rechtsbe-

stimmungen für Haushaltsführung und Vermögensverwaltung
haben dienende Funktion.

Regelungen[25]

1. Treue und Glaubwürdigkeit
Im Umgang mit ihrem Geld und sonstigem Vermögen sowie in
ihrem wirtschaftlichen Handeln muss die Kirche um Treue und
Glaubwürdigkeit bemüht sein.

Was der Kirche anvertraut ist, soll ihrem Auftrag in Zeug-
nis und Dienst entsprechend verwendet werden. Sie muss im
Blick behalten, dass sie als Teil einer weltweiten Ökumene zur
Solidarität verpflichtet ist.

2. Rechenschaft und Information
Über die Verwaltung des Besitzes und das wirtschaftliche Handeln muss in den dafür zuständigen Gremien Rechenschaft ab-
gelegt werden.

Die Kirche und ihre Untergliederungen machen ihre Haushaltspläne und Jahresrechnungen der Öffentlichkeit zugänglich.
Die Bestimmungen zur Haushaltsführung und Vermögensverwaltung sind nach gliedkirchlichem Recht umzusetzen.

3. Zuwendungen
Beim Umgang mit Spenden, Stiftungen, Vermächtnissen und
sonstigen Zuwendungen muss sich die Kirche strikt am Geber-
willen orientieren. Deshalb ist bei der Entgegennahme von Zuwendungen zu prüfen, ob damit Zwecke verfolgt werden sollen
oder daran Bedingungen geknüpft werden, die mit dem Auftrag
der Kirche nicht zu vereinbaren sind. Solche Zuwendungen sind
zurückzuweisen.

4. Soziale Verantwortung
Die Kirchen sollen soziale Verantwortung im Umgang mit Geld
wahrnehmen und nachhaltige Konzepte des Wirtschaftens för-

---

25. Vgl. für die ELKB: Empfehlungen der Landessynode zur Werbung im kirchli-
    chen Bereich (1998, Anlage 6, S. 191f.)

dern und anwenden, die mit Vorstellungen und Zielen der Kirche vereinbar sind, insbesondere nicht zu einer Ausbeutung von Menschen und natürlichen Ressourcen führen und damit die natürlichen Lebensgrundlagen gefährden. Im Bemühen um soziale Gerechtigkeit soll die Kirche mit gutem Beispiel vorangehen.

D. Dimensionen kirchlichen Lebens

Foto: © Peter Wirtz, Dormagen

1. Gestaltung der Gemeinschaft

Wahrnehmung der Situation

Im Leben der Ortsgemeinde spiegelt sich die Vielfalt der Lebenssituationen und die Sozial- und Altersstruktur der Bevölkerung sowie die mannigfachen Interessen, Begabungen und Prägungen der Gemeindeglieder. Diese Vielgestaltigkeit wird bei der Gestaltung der Gemeinschaft häufig als Herausforderung und Chance gesehen, kann jedoch auch zu Konflikten führen.

Viele Christinnen und Christen erleben die Gemeinde als zum Gottesdienst versammelte Gemeinschaft. Darüber hinaus haben Kreise und Veranstaltungen, die auf deren Situation oder deren Alter abgestimmt sind, als Orte und Lernfelder christlichen Glaubens Bedeutung. Einige fühlen sich sogar nur in einem speziellen Kreis der Gemeinde zu Hause. Vor allem in Großstädten schließen sich immer mehr Menschen anstelle ihrer Ortsgemeinde besonders geprägten oder für sie interessanten Gemeinden an. Andere befinden sich in einem distanzierten Verhältnis zur Kirche, gestalten aber ihr Christsein im Alltag. Sie bringen sich als Glaubende in die Kommune, in Parteien oder Vereine und in ihre Arbeitswelt ein. Häufig stehen Veranstaltungen der Gemeinde in Konkurrenz zu anderen Angeboten; ursprüngliche Aufgaben wie Diakonie und soziales Engagement werden inzwischen auch durch andere Institutionen wahrgenommen. Daher wird es für die Gemeinden immer wichtiger, auf ihr Selbstverständnis, ihren Auftrag und ihre besonderen Möglichkeiten hinzuweisen. Dabei suchen viele nach einem Ausgleich zwischen Erwartungen an traditionelle und an gegenwartsbezogene Arbeitsformen. Entsprechend sind die Gemeinden bestrebt, sowohl Kontinuität zu bewahren als auch sich dem Umfeld zu öffnen, Kontakte zur Arbeits- und Freizeitwelt der Gemeindemitglieder herzustellen und die Zusammenarbeit mit anderen Gemeinden zu pflegen.

In und neben den Ortsgemeinden gibt es eine Vielzahl anderer Gemeindeformen, z. B. im Krankenhaus, an der Hochschule, bei der Bundeswehr. Das Miteinander der verschiedenen Gruppen in den Gemeinden ist spannend, mitunter aber auch spannungsvoll. Unter ihnen fragen die einen nach mehr Verbindlichkeit und Entschiedenheit im Glauben. Andere erproben neue Gemeinschaftsformen oder suchen nach eigenen Ausdrucksweisen des Glaubens. Z. B. in Hauskreisen, auf Freizeiten, Tagungen und Einkehrwochen nähern sie sich biblischen Texten mit erfahrungsbezogenen und kreativen Methoden. Wieder andere Gruppen fühlen sich durch aktuelle gesellschaftliche Fragen herausgefordert. Friedensgruppen und Eine-Welt-Gruppen suchen nach Aktionsformen, die sich ethisch an der Verheißung vom Reich Gottes orientieren. Insgesamt verstehen sich diese Gruppen oft als reformerische Initiativen gegenüber der verfassten Kirche und der traditionellen Kirchengemeinde. Manche Christinnen und Christen sehen jedoch für ihre Sichtweisen in der Kirche überhaupt keinen Platz. Die Gemeinden versuchen dem zu begegnen, indem sie verschiedene Frömmigkeitsformen zulassen und sich gesellschaftlichen Fragen öffnen. Auf der anderen Seite verdeutlichen sie, wie der Alltag den Glauben und das Handeln der Gemeinde herausfordert.

Auf Grund der volkskirchlichen Prägung ist das Netz der Gemeinden in unserer Gesellschaft sehr dicht. Durch die zunehmende Säkularisierung und den damit zusammenhängenden Rückgang der Einnahmen zeichnet sich ab, dass die kirchliche Arbeit im bisherigen Umfang und mit den bisherigen Strukturen nicht überall aufrechterhalten werden kann. Viele kleinere Gemeinden kämpfen um ihre Eigenständigkeit. Andere versuchen, im Zug von Strukturreformen im Verbund neue größere Einheiten tragfähig und zukunftsweisend zu gestalten. Diese Umbruchsituation erfordert mehr denn je Mobilität, neue Konzeptionen und ehrenamtliches Engagement. Dies muss nicht nur beklagt, sondern kann auch als Chance und Stärkung eigener Verantwortung empfunden werden.

Biblische Grundlagen und theologische Orientierung

Im Neuen Testament wird die Gemeinde mit verschiedenen Bildern beschrieben. Jedes Bild eröffnet eine bestimmte Perspektive und zeigt, dass sich Gemeinden in ihrer unterschiedlichen Prägung auch von verschiedenen Bildern leiten lassen. Da ist das Bild von der Herde, die von Jesus Christus geleitet wird (Joh 10,1-16), und das von Christus als dem Haupt der Gemeinde (Eph 4,15; Kol 1,18). In den neutestamentlichen Briefen wird auch die Vorstellung von der Gemeinde als dem Haus Gottes, das auf dem Fundament der Apostel und Propheten errichtet ist, entfaltet (Eph 2,20; 1 Petr 2,5). Im Hebräerbrief wird der Gemeinde das Bild des durch die Wüste wandernden Israel vor Augen gestellt: Die Kirche ist das Volk Gottes, das unterwegs ist zu seiner endzeitlichen Ruhe (Hebr 4,9-11).

Bei Paulus ist das Bild vom Leib und seinen Gliedern am stärksten entfaltet (1 Kor 12,12-31; Röm 12,3-8). Die Taufe verbindet die an Christus Glaubenden durch den Heiligen Geist zu einem Leib: »Denn wir sind durch einen Geist alle zu einem Leib getauft, wir seien Juden oder Griechen, Sklaven oder Freie, und sind alle mit einem Geist getränkt« (1 Kor 12,13). Jede und jeder ist nun ein eigenes Glied am Leib Christi, dem Gott eine eigene Gabe und Aufgabe für den gesamten Leib gegeben hat. Die Vielfalt der Gaben und Aufgaben ist daher sinnvoll und nötig für das Wohl des ganzen Leibes.

Mit der gegenseitigen Anerkennung als Glied am Leib Christi und Achtung der je besonderen Gaben und Aufgaben hat Paulus ein wesentliches Gestaltungsprinzip für die Gemeinde beschrieben. Sie hat ihre innere Einheit in Christus, aus dessen Liebe sie lebt und von dem sie sich senden lässt. In Rücksicht aufeinander und Sorge füreinander sollen die Gemeindeglieder aneinander Anteil nehmen und sich miteinander freuen: »Wenn ein Glied leidet, so leiden alle Glieder mit, und wenn ein Glied geehrt wird, so freuen sich alle Glieder mit« (1 Kor 12,26).

Die Gestaltung solcher Gemeinschaft ist wesentlich von Lob und Dank gegenüber Gott und seiner in Christus geschenkten Liebe zu den Menschen bestimmt (Kol 3,15-17). Glaube,

Hoffnung und Liebe sollen das Miteinander in der Gemeinde ebenso prägen wie ihr Zeugnis und ihren Dienst für die Welt.

Das Neue Testament lässt erkennen, dass die Gemeinschaft von Anfang an auf gemeinsamen Elementen wie der Versammlung zum Gebet, Abendmahl und Gotteslob ruhte, dass aber die Gemeinden untereinander sehr verschieden gewesen sind und dass sich in ihnen unterschiedliche Gruppierungen herausgebildet haben. Das Verhältnis der Gemeinden untereinander wie das der einzelnen Gruppierungen war dabei häufig spannungsreich. Auseinandersetzungen zwischen sozialen und ethnischen Gruppen, wie z. B. zwischen Armen und Reichen oder Christinnen und Christen jüdischer und nichtjüdischer Herkunft sowie Gruppierungen mit unterschiedlichen Frömmigkeitsstilen, stellten die Gemeinschaft in der frühen Christenheit auf die Probe. In solchen Spannungen ermahnt der Apostel Paulus die Gemeinden: »Darum nehmt einander an, wie Christus euch angenommen hat zu Gottes Lob« (Röm 15,7). So bildet sich die Gemeinde Christi. Auch die Fernen und Fremden sind den Christinnen und Christen vor Augen, weil sie in ihnen Gottes Ebenbild erkennen.

In der weiteren Geschichte der Kirche standen immer wieder einzelne Gemeinden und Gruppen für die Bewahrung bestimmter Traditionen. Andere rangen um die Vertiefung und Erneuerung des Glaubens. Die Reformation ermöglichte mit der Betonung des Priestertums aller Gläubigen, mit Luthers Bibelübersetzung, mit dem Gottesdienst in deutscher Sprache, den Kirchenliedern und den Katechismen neue Formen gemeindlichen Lebens: vor Gott treten, für andere bitten, eintreten und einander das Wort Gottes verkündigen.

In der jüngeren Geschichte der evangelischen Kirche entfaltete sich das Gemeindeleben auch in Gestalt von Vereinen, Gruppen und Kreisen. Geistliche Erneuerungsbewegungen und Kommunitäten entwickeln bis heute eigene Formen von Gemeinschaftserfahrung. Besonders der Pietismus intensivierte eine persönliche und familiäre Frömmigkeit und Gemeinschaft, die aus einer entschiedenen Christusnachfolge erwuchs. Die Vielfalt der Gaben und die Art und Weise, in der sie zur Entfaltung kommen, bestimmen die Lebendigkeit einer Gemeinde und ihr Profil. Wo das nicht im Bewusstsein ist und die Glaubenspraxis sich auf bestimmte Interessen, Anliegen und Zielgruppen verengt, verschenkt die Gemeinde wichtige Lebensfunktionen.

Ihre Zugehörigkeit zu Christus fordert daher alle Gemeindeglieder dazu heraus, sich zu verständigen und das Gemeinsame zu suchen, »damit wir etwas seien zum Lob seiner Herrlichkeit« (Eph 1,12). Dies betrifft das Verhältnis einzelner Gruppen zur Gemeinde ebenso wie die Beziehung der Gemeinden zur Gesamtkirche, das Miteinander zwischen jüngeren und älteren Gemeindegliedern und den Umgang von beruflich und ehrenamtlich Mitarbeitenden.

Regelungen

1. Evangelium und Gemeinde
Das Evangelium bildet den Bezugspunkt aller Arbeit und Gestaltung von Gemeinde. Durch das Wort Gottes eröffnen sich neue Perspektiven auf die Gaben, Möglichkeiten und Aufgaben einzelner Gemeindeglieder, Gruppen und der Gesamtgemeinde wie auch auf die umgebende Wirklichkeit.

2. Gemeindeerneuerung
(1) Den Zusammenhalt in der Gemeinde zu fördern, ist eine geistliche Aufgabe. Die Gemeinde wird erneuert durch den Heiligen Geist. Dies soll konkret werden in Gebet, Gottesdienst und der Praxis der Nächstenliebe.
(2) Diakonische und missionarische Projekte sollen Ausdruck einer dienenden und ihrer Sendung bewussten Gemeinde sein.
(3) Gemeinde erneuert sich auch durch ökumenische Gemeinschaft. Deshalb sollen die Gemeinden die ökumenische Nachbarschaft und die ökumenische Partnerschaft pflegen.

3. Gemeindeformen
Die von Gott verheißene Gemeinschaft der Christinnen und Christen findet unterschiedliche Ausprägungen. Wo sich die ortsbe-

zogene Gemeindeform bewährt, soll sie genutzt und gefördert werden. Daneben ist die Zusammenarbeit von Gemeinden auf regionaler Ebene bzw. in Diensten, Werken und Einrichtungen zu fördern.

4. Gemeindeaufbau

Die Entwicklung und der Aufbau der Gemeinde setzen die Klärung von konzeptionellen Fragen voraus, insbesondere in Kirchenvorstand und Pfarramt. Dabei sollen nach Möglichkeit die für diese Fragen vorhandenen Dienste in Anspruch genommen werden. Vor allem ist der Austausch zwischen Gemeindegliedern und Gruppen mit unterschiedlichen Frömmigkeitsstilen zu fördern.

5. Zusammenarbeit

Die Entwicklung der Zusammenarbeit ist eine wichtige Aufgabe: von beruflich und ehrenamtlich Mitarbeitenden, von Frauen und Männern, von Gruppierungen innerhalb der Gemeinde, zwischen den Kirchengemeinden in einer Region und den Gemeinden anderer christlicher Konfessionen. Die Vernetzung und Koordination von Initiativen und Gruppen ist auf allen kirchlichen Ebenen zu fördern. Die wechselseitigen Beziehungen zwischen Gemeinde und allen landeskirchlichen Ebenen sind zu vertiefen.

6. Mitarbeiterförderung

Die am Gemeindeleben und Aufbau der Gemeinde sowie an Initiativen beteiligten beruflichen und ehrenamtlichen Mitarbeitenden sollen für ihren Dienst motiviert, vorbereitet und begleitet werden. Die Vertretung der Ehrenamtlichen nach innen und nach außen sollte institutionell gewährleistet werden.

7. Leitung

Auf der Ebene der Gemeinden, des Kirchenkreises und der Landeskirche muss »Leitungskompetenz« gezielt gefördert und eingesetzt werden. Die Zusammenarbeit in den Gremien und im Mitarbeiterkreis ist regelmäßig auf ihre Qualität zu überprüfen.

8. Gastfreundschaft

Wo von der Gemeinde Gastfreundschaft erbeten wird, soll sie großzügig gewährt werden. Sie hat ihre Grenzen, wenn Grundsätze vertreten und Ziele verfolgt werden, die Gottes Gebot und seinem Evangelium widersprechen.

2. Seelsorge, Beratung, Beichte

Wahrnehmung der Situation

Menschen erwarten von der Kirche Hilfe in Krisen- und Notsituationen. Sie möchten gehört und verstanden werden, suchen Entlastung und Antworten auf Lebensfragen, und zwar unabhängig davon, in welcher Beziehung sie selbst zur Kirche stehen. Diesen Erwartungen entspricht vielfach, was tatsächlich in der kirchlichen Seelsorge geschieht: Pfarrerinnen und Pfarrer begleiten Menschen, die Konflikte zu bewältigen haben und den Sinn einer Krise verstehen wollen oder an einem Lebensübergang danach fragen, was das Leben trägt und übergreift. Bei Taufe, Konfirmation, Trauung und Beerdigung werden Menschen in Situationen erreicht, in denen sie ihre persönlichen Wünsche und Probleme offener zur Sprache bringen als im Alltag. Dadurch bekommen diese kirchlichen Amtshandlungen eine seelsorgerliche Dimension. Die zwischenmenschliche Begegnung zu zweit oder in Gruppen, der Glaube, das Gespräch und andere Formen der Kommunikation (z. B. Symbole, Rituale, Gebet und Beichte) sind Mittel der Seelsorge.

Seelsorgerliches Handeln trifft auf unterschiedliche Voraussetzungen. Viele Menschen können sich nicht vorstellen, dass der christliche Glaube eine tragfähige Lebensgrundlage sein kann. Sie versuchen ihre Konflikte und Lebensaufgaben ohne einen religiösen Bezug zu bewältigen oder zumindest ohne die Hilfe, die der christliche Glaube bereithält. Die kirchliche Seelsorge hat außerdem mit dem Verdacht zu kämpfen, sie sei eine rückständige Moralinstanz. Trotzdem wird von Gemeindegliedern und von außerhalb der Kirche darauf aufmerksam gemacht, dass ein großer Bedarf an Seelsorge besteht. Das seelsorgerliche Handeln der Kirche besteht aus Begleitung, Beratung, Betreuung, Lebenshilfe und spirituellen Angeboten. Mit Rücksicht auf Person und Situation nimmt die Seelsorge unterschiedliche Formen an.

In den Kirchengemeinden ist der Bedarf an Seelsorge oft größer als die dafür zur Verfügung stehenden Kräfte. Seelsorge wird vornehmlich als Aufgabe der Pfarrerinnen und Pfarrer betrachtet, doch diese können wegen ihrer vielfältigen Verpflichtungen eine intensive Seelsorge und nachgehende Begleitung nur begrenzt anbieten. Deshalb bemühen sich Kirchengemeinden mit Phantasie und in Kooperation mit Nachbargemeinden vor allem durch ehrenamtliche Mitarbeiterinnen und Mitarbeiter, z. B. durch Besuchsdienste, die Verbindung zwischen dem Lebensalltag der Menschen, ihren Freuden und Sorgen, mit ihrem Glauben und der Gemeinde herzustellen und zu pflegen: Jede Christin und jeder Christ kann einem anderen Menschen zur Seelsorgerin oder zum Seelsorger werden. Seelsorge geschieht deshalb vor allem in alltäglichen Begegnungen. Daneben haben sich eigenständige Initiativen, Berufe und Organisationen des Bedarfs angenommen (Hospizbewegung, Kinderschutzbund, Psychologie und Psychotherapie, Bestattungsgewerbe, kommunale Einrichtungen u. a. m.).

Die Kirche sucht und begleitet Menschen seelsorgerlich auch in besonderen Lebens- und Berufssituationen, z. B. die Kranken, die Behinderten, die von Verkehrsunfällen Betroffenen und deren Angehörige. Die Notfall- und Katastrophenseelsorge hat sich gut bewährt. Bemerkenswert ist das Maß, in dem Seelsorge am Urlaubsort in Anspruch genommen wird.

Die Gefängnisseelsorge tut ihren Dienst zwischen der individuellen Begleitung in persönlichen Notlagen und der wachsamen Beobachtung des staatlichen Strafvollzugs. Auch die Bediensteten bei der Bundeswehr, beim Bundesgrenzschutz und der Polizei können seelsorgerliche Begleitung in Anspruch nehmen. Schließlich bieten die neuen Medien auch der Seelsorge neue Möglichkeiten, z. B. die Kommunikation im Internet und über Mobilfunk. Und wer will, kann sich mit Fragen und Nöten an die Briefseelsorge wenden. Jeden Tag rund um die Uhr ist die Telefonseelsorge ansprechbar. Sie wird im Wesentlichen von Ehrenamtlichen getragen. Viele reden sich dort in der Anonymität des Telefons ihre Angst, Sorge und Schuld von der Seele.

Zur Seelsorge gehört auch das Angebot der Beichte. Als Aussprechen von Schuld und als Zuspruch der Vergebung Gottes ist sie eine wichtige Dimension der Seelsorge. Im Sonntagsgottesdienst hat sie als Sündenbekenntnis und Gnadenzuspruch in Form der »offenen Schuld« einen festen Platz behalten, bleibt aber meist im Allgemeinen. Die Einzelbeichte wird gegenwärtig eher selten praktiziert.

Seelsorge wird von vielen Beteiligten auch als gegenseitiges Geben und Nehmen erfahren. Trotz der Belastungen, die sie mit sich bringt, wird sie auch als menschlich und geistlich bereichernd und ermutigend erlebt. Die Nähe zu Menschen und ihren Schicksalen macht verletzlich, führt in Grenzerfahrungen hinein und wirft schwer wiegende ethische Fragen auf. Deshalb erhalten beruflich und ehrenamtlich tätige Seelsorgerinnen und Seelsorger Ausbildung, Begleitung und Fortbildung.

In Auseinandersetzung mit Konzepten der Psychologie und Formen der Psychotherapie ist eine Auffassung von Seelsorge als psychologisch-professionelle Beratung in den Vordergrund getreten. Die Pastoralpsychologie reflektiert den notwendigen Dialog zwischen Psychologie und Theologie und setzt sich mit den theologischen Grundlagen auseinander. Eine breite fachliche Diskussion gilt dem Anliegen, dass in den verschiedenen Ausprägungen und Konzepten der Seelsorge ihr dauerhaftes Motiv, die Bewahrung und Stärkung des Glaubens an Gott, erkennbar wird.

Biblische Grundlagen und theologische Orientierung

Die Botschaft der Bibel ist von der Gewissheit geprägt: Gott selbst sorgt sich um das Wohl seiner Schöpfung und damit auch um den Menschen. Davon künden im Alten Testament die Schöpfungserzählungen und die Psalmen, das Buch Hiob und die Drohworte oder Verheißungen der Propheten. Das Neue Testament bezeugt: Gott wurde in Person und Weg Jesu »Fleisch« und »wohnte unter uns« (Joh 1,14). Nach Jesu Weggang zum Vater ist Gottes Geist zum Begleiter und Tröster der Gemeinde geworden (Joh 14,16). Er stärkt und vertritt sie »mit unaussprechlichem Seufzen« (Röm 8,26). Es gibt somit keine Grundsituation des menschlichen Lebens, die nicht im Lichte der Gottesnähe zu deuten wäre.

Im Neuen Testament sind drei Dimensionen der Seelsorge erkennbar: die heilende, die konfrontierende und die gemeindebezogene Dimension.

Die heilende Dimension der Seelsorge ist in Jesu Wirken besonders deutlich geworden. Er wandte sich den Menschen in ihrer Not zu und heilte sie an Leib und Seele. Gelähmte befreite er zugleich von unvergebener Schuld und Krankheit und eröffnete ihnen damit neue Wege (Mk 2,1-12). Blinden öffnete er die Augen auch für die rettende Kraft ihres Glaubens (Mk 10, 46-52). Menschen, die ihr eigenes Ich verloren hatten und anderen dadurch fremd und unheimlich geworden waren, bewahrte er vor der Selbstzerstörung und führte sie in die Gemeinschaft der Menschen zurück (Mk 5,1-20). Jesus, der von sich gesagt hat: »Kommt her zu mir, alle, die ihr mühselig und beladen seid, ich will euch erquicken« (Mt 11,28) ist uns als der Auferstandene nahe. Er ist der »Hirte und Bischof eurer Seelen« (1 Petr 2,25) und in allen Dingen ein »Fürsprecher beim Vater« (1 Joh 2,1). Aus diesem Glauben heraus konnten und können auch Menschen in Jesu Nachfolge heilend an anderen Menschen wirken (vgl. Mt 10,8; Apg 5,12-16; Phlm 10).

Auch **die konfrontierende Dimension** der Seelsorge lässt sich gut am Wirken Jesu ablesen: Er sprach Menschen an, ohne den Konflikt zu scheuen (Mt 23; Lk 18,9-14), und verstand es, Schuld so anzusprechen, dass Neuanfänge möglich wurden. Jesus liebte nicht die Sünde, wohl aber die Sünder (Joh 4,18).

Seinen Jüngern gab der Auferstandene nicht nur die Vollmacht, Sünden zu vergeben, sondern sie im äußersten Fall auch zu behalten (Mt 16,19; 18,18; Joh 20,22b).

Im Neuen Testament finden sich Spuren davon, dass diese doppelte Verantwortung von Anfang an wahrgenommen wurde: Mt 18,15 zeigt, dass die Gemeinde bereit war, gegenüber

Irrenden nach mehreren Gesprächsversuchen auch Grenzen zu
ziehen. Als die Gemeinde von Korinth nichts gegen schwerste
Verfehlungen in ihren Reihen unternahm, schritt Paulus mit aller Schärfe ein – und gebot, zur Ermahnung aller, den Übeltäter
aus der Gemeinde auszuschließen und der Gnade im Gericht
Gottes zu befehlen (1 Kor 5). Das Neue Testament lässt erkennen, dass solche harten Konfrontationen letzte Mittel seelsorgerlichen Handelns darstellten. Daher wird die konfrontierende
Seelsorge zwar eine Dimension seelsorgerlicher Verantwortung
bleiben, sie muss jedoch immer in einen Gesprächsgang ohne
abwertende oder verletzende Absicht eingebettet sein und sollte
nur im äußersten Grenzfall in schützender Absicht zu Sanktio-
nen oder Abgrenzungen führen.

Die gemeindebezogene Dimension der Seelsorge wird z. B. in
der Emmaus-Geschichte erkennbar (Lk 24,13ff.). Hier sind Lebensbegleitung, Gottesdienst, Verkündigung und missionarischer
Gemeindeaufbau als Teil einer seelsorgerlichen Begegnung verbunden. In diesem Begegnungsgeschehen ist Gott gemäß der
Verheißung Jesu: »Wo zwei oder drei in meinem Namen
beisammen sind, da bin ich mitten unter ihnen« (Mt 18,20) an-
wesend.

Die gemeindebezogene Dimension der Seelsorge zeigt
sich auch, wenn Paulus zwischen einzelnen Gruppen in Streit-
fragen, die alle betreffen, einen Ausgleich versucht, ohne sich
auf eine Seite zu stellen. Kriterien sind für ihn die Rücksicht auf
die Schwachen und der Respekt vor der Gewissensentscheidung
der Einzelnen (1 Kor 8-10).

Die für die Seelsorge unentbehrliche geistliche Autorität
beruht nicht auf einer besonderen Qualität des Seelsorgers, sondern allein auf der Gegenwart Jesu Christi: »Siehe, ich bin bei
euch alle Tage bis an der Welt Ende« (Mt 28,20). Darin hat jede
Predigt, jedes Gebet, jeder Prozess der Klärung und jede leiten-
de Entscheidung ihren letzten Grund.

Jede Epoche der Kirchengeschichte hat den Dienst der
Seelsorge in eigener Weise ausgeprägt und dadurch zu aller Zeit
Seelsorge als elementare Form kirchlichen Handelns herausge-

stellt. In der frühen Kirche gehen von den Mönchsorden seelsorgerliche Impulse aus. Das Mittelalter ist bestimmt von der
Seelsorge als Buß- und Beichtpraxis. Luthers Grundauffassung
der Seelsorge begegnet in eindrücklicher Weise in einer ver-
mächtnisartigen Eintragung in seinem Handpsalter, den Luther
stets zum Gebet bei sich hatte: »Wo meine Seele ihre Bleibe
finden werde, das ist nicht Sache meiner Sorge, obwohl ich durch
den Teufel höchst gefährdet bin. Christus mag sich darum küm-
mern, er, der für meine Seele so definitiv gesorgt hat, dass er
lieber sein Leben, seine eigene Seele, dafür einsetzte, um die
meine zu erlösen, er, der beste Hirte und gepriesene Bischof
der Seelen, die an ihn glauben.« Im weiteren Verlauf der Reformation tritt das Verständnis der Seelsorge als Erziehung in
den Vordergrund und entfaltet in den reformierten Kirchen
eine Lehre von der Kirchenzucht, in den lutherischen Kirchen
eine allgemeine Erziehungslehre (Katechismen) und den Leit-
gedanken einer wechselseitigen geschwisterlichen Beratung und
Tröstung.

Seelsorge ist somit zu verstehen als ein vom Evangelium
inspirierter Dienst der Kirche an Menschen. Besonders wird sie
bei Amtshandlungen an Lebensübergängen wahrgenommen oder
in Situationen, in denen Leid, Schuld und anderes Unheil über
Menschen gekommen ist oder zu kommen droht. Sie soll der
Glaubensstärkung und Lebenshilfe dienen und vollzieht sich als
ein Eingehen auf Menschen durch Zuhören, Zuspruch, Beistand,
Vergebung, Trost, Beratung und Ermahnung. Kein Christ kann
ohne Seelsorge sein, weil niemand im Glauben ungefährdet, in
der Liebe fertig und in der Hoffnung beständig ist.

Seelsorge zielt darauf ab, sich in Einstellungen und Verhalten auf das hin zu orientieren, was Jesus Christus als entscheidend und Heil bringend vor Augen gestellt hat.

Die Hilfe zum Glauben ist in vielen einzelnen Situationen zugleich eine Hilfe zum Leben. Seelsorge und Fürsorge, Heil
und Wohl sind deshalb für den christlichen Glauben eng
miteinander verbunden.

Zu einer seelsorgerlichen Kompetenz gehören Glaubenspraxis und theologische Reflexion, Übung in Gesprächsführung,

Selbsterfahrung und Menschenkenntnis sowie ein Wissen um mögliche Zusammenhänge zwischen seelischen Vorgängen, Gefühlen und dem Verhalten bzw. der Lebensführung. Die seelsorgerliche Wahrnehmung richtet sich nicht nur auf den einzelnen Menschen als Gegenüber, sondern schließt auch seine Umwelt und seine Lebensbedingungen ein.

Das Verständnis für die individuelle Lebenssituation eines Menschen muss sich verbinden mit einem Grundwissen über psychologische Methoden der Gesprächsführung. In diesem Zusammenhang sind die Impulse von Bedeutung, die die Seelsorge im 20. Jahrhundert von der klinischen Psychologie und aus der Praxis der Psychotherapie erhalten hat. Besonders zwischen psychosomatischer Medizin und Seelsorge ergeben sich immer wieder Berührungspunkte.

Neben dem individuellen Zuspruch ist Seelsorge zugleich eine Gemeinschaftsaufgabe der christlichen Gemeinde als dem Ort gegenseitiger Beratung und Ermutigung. In Gesprächs- und Hauskreisen, Glaubensseminaren und Arbeitsgruppen aller Art, auf Freizeiten und Retraiten bemühen sich die Beteiligten gemeinsam um Orientierungshilfe aus dem Glauben angesichts bedrängender Herausforderungen und Anfechtungen. Dabei kommen sowohl die unterschiedlichen Kenntnisse als auch Glaubens- und Lebenserfahrungen der Beteiligten zum Tragen und können zu neuem Verstehen und Annehmen der biblischen Botschaft helfen. Aus der gegenseitigen Beratung kann eine »Beistandsgemeinschaft« erwachsen, die den Einzelnen Rückhalt gibt, auch unter Schwierigkeiten neuen Einsichten im eigenen Lebensalltag zu folgen.

Die konfrontierende und heilende Dimension der Seelsorge, ihre Wirkung, den Glauben zu stärken und Hilfe zum Leben zu geben, wird besonders in der Beichte und im Zuspruch der Sündenvergebung erfahren. Jedes seelsorgerliche Gespräch kann zur Beichte werden, indem Menschen vor Gott bringen, was sie an Schuld, Gewissensnot und Angst bedrückt. Dabei helfen ihnen die Zehn Gebote und Jesu Doppelgebot der Liebe, wie in einem Spiegel zu erkennen, dass sie im Widerspruch zu Gottes Willen und Geboten gelebt und gehandelt haben.

»Ich sprach: Ich will dem Herrn meine Übertretungen bekennen. Da vergabst du mir die Schuld meiner Sünde.« (Ps 32,5) Diese Vergebung kann erfahren werden, in einem inneren Zwiegespräch mit Gott, bei einer seelsorgerlichen Begegnung, in der Einzelbeichte, vor einer Pfarrerin oder einem Pfarrer, zusammen mit der Gemeinde in der allgemeinen Beichte im Gottesdienst oder in einem eigenen Beichtgottesdienst.

Dabei ist zu bedenken: Sünde ist die gestörte Beziehung zu Gott und wird deshalb erst im Glauben erkannt (1 Joh 1,8f.). Aus ihr folgen moralische Verfehlungen oder die Überheblichkeit des moralischen Menschen. Gottes bedingungslose Zusage, die Sünde zu vergeben, macht den Menschen fähig, Schuld und Versagen einzusehen und einzugestehen (Röm 2,4b). Gottes Liebe ist stärker als sein Zorn. Er spricht den Sünder frei und gibt ihm so die Möglichkeit zu einem veränderten Leben nach Gottes Willen (Joh 8,34-36; Lk 7,36-50). Auch im Abendmahl wird Gottes Vergebung als Trost und Ermutigung erfahren: »Schmecket und sehet, wie freundlich der Herr ist ...« (Ps 34,9)

Gott hat der Kirche den Auftrag erteilt, in seinem Namen Sünden zu vergeben und Menschen von ihrer Schuld freizusprechen (Mt 16,19; 18,18; Joh 20,22b und 23). Deshalb beruft sie Pfarrerinnen und Pfarrer, die Beichte zu hören und die Absolution zu erteilen. Außerdem sollen alle Christinnen und Christen sich der Schuld und Gewissensnöte ihrer Mitmenschen annehmen und »Botschafter der Versöhnung« sein (2 Kor 5,18-20). Obwohl Gott Schuld ein für alle Mal vergeben hat, belasten Erinnerungen und Tatfolgen manche Menschen auch weiterhin: Zuweilen dauert es lange, bis jemand das Geschehene als vergeben annehmen kann. Dann ist seelsorgerlicher Beistand notwendig.

Regelungen[26]

1. Auftrag zur Seelsorge

Kirche ist zur Seelsorge an allen Menschen beauftragt; sie darf niemandem aufgezwungen werden.

2. Seelsorgerliche Verschwiegenheit[27]

(1) Die seelsorgerliche Verschwiegenheit muss gewahrt werden. Alle, die seelsorgerliche Dienste übernehmen, müssen sich verpflichten, die seelsorgerliche Verschwiegenheit zu achten.

(2) Im staatsanwaltschaftlichen oder gerichtlichen Verfahren ist grundsätzlich jede oder jeder zur Zeugenaussage verpflichtet. Ehrenamtliche Mitarbeiterinnen und Mitarbeiter haben in der Regel im staatsanwaltlichen Ermittlungsverfahren oder strafgerichtlichen Verfahren kein Zeugnisverweigerungsrecht. Falls Ehrenamtlichen Derartiges anvertraut werden soll, ist es deren Pflicht, darauf hinzuweisen, dass sie kein Zeugnisverweigerungsrecht haben.

(3) Im Verfahren vor Zivil-, Verwaltungs-, Sozial- und Arbeitsgerichten sowie in Schiedsverfahren haben Ehrenamtliche kein Zeugnisverweigerungsrecht. In Betreuungs- oder Nachlasssachen kann einem in der Sterbebegleitung ehrenamtlich Tätigen oder einer Tätigen ein Aussageverweigerungsrecht zustehen, wenn eine besondere Vertrauensstellung aufgrund der Betreuung gegeben ist.

3. Aus- und Fortbildung

Die in Gemeinden, Einrichtungen und Diensten beruflich und ehrenamtlich in der Seelsorge Tätigen sollen ausgebildet, begleitet und fortgebildet werden. Diejenigen, bei denen eine besondere

---

26. Vgl. Agende Bd. III der VELKD, Teil 3 – Die Beichte – 2. aktualisierte Aufl., 1996; »Wie mein Leben wieder hell werden kann« – Einladung zur Beichte –, VELKD 2002.

27. § 53 Abs. 1 Nr. 1 StPO (Strafprozessordnung), § 383 Abs. 1 Ziff 4 ZPO (Zivilprozessordnung).

Begabung für die Seelsorge vorhanden ist, sind zu fördern. Wer seelsorgerlich tätig ist, hat grundsätzlich Anspruch auf Supervision.

4. Spezielle Seelsorge

Zur Seelsorge in bestimmten Institutionen (z. B. Krankenhäusern, Justizvollzugsanstalten, Bundeswehr) sollen die Kirchen spezifische Angebote und Dienste unterhalten oder einrichten. Dazu werden Vereinbarungen bzw. Verträge zwischen kirchlichen und öffentlichen Institutionen geschlossen, weil es sich um gemeinsame Angelegenheiten handelt.

5. Evangelische Beichte

Die evangelische Beichte kann als Einzelbeichte, als allgemeine Beichte im Gottesdienst oder Beichtgottesdienst oder im Rahmen eines Seelsorgegespräches erfolgen. Für die Einzelbeichte und die Beichte im Gottesdienst gilt die agendarische Ordnung.

6. Beichtgeheimnis[28]

(1) Im Beicht- und Seelsorgegespräch ist besonders auf die Vertraulichkeit und Verschwiegenheit hinzuweisen.

(2) Pfarrerinnen und Pfarrer sind durch ihre Ordination zur unverbrüchlichen Wahrung des Beichtgeheimnisses verpflichtet.

(3) Das Beichtgeheimnis wird wie das Seelsorgegeheimnis vom Staat anerkannt. Der Staat gewährt allen ordinierten Geistlichen im staatlichen Prozessrecht das Recht, über das ihnen im seelsorgerlichen Gespräch Anvertraute die Zeugenaussage zu verweigern.

7. Zuständigkeit

(1) Dem Wunsch nach einer Einzelbeichte haben ordinierte Mitarbeiterinnen und Mitarbeiter der Kirche uneingeschränkt und vorrangig zu entsprechen.

---

28. Vgl. §§ 41, 42 PfG der VELKD vom 4. April 1989 i.d.F. vom 17. November 2002 (ABl. der VELKD 2000, S. 128).

(2) Grundsätzlich kann jede Christin und jeder Christ das Schuld-
bekenntnis annehmen und Gottes Vergebung zusprechen. Wer
die Beichte abnimmt, soll sich jedoch bewusst machen, dass
das Beichtgeheimnis zu wahren ist und daraus gegebenenfalls
Gewissenskonflikte und tatsächliche wie auch rechtliche
Konsequenzen entstehen können. Auch kann sich die oder
der Nichtgeistliche, im Gegensatz zu ordinierten Geistlichen,
nicht auf ein Zeugnisverweigerungsrecht berufen.

3. Diakonie

Wahrnehmung der Situation

Menschen sind bedürftig, erleiden Not und Krankheit, werden ausgegrenzt und ihnen wird Unrecht zugefügt. Christinnen und Christen nehmen in vielfältiger Weise Anteil am Leben ihrer Mitmenschen, sie helfen und trösten, sie unterstützen und raten in Familie und Beruf, in der Nachbarschaft, in der Gemeinde, in wohltätigen Initiativen und diakonischen Einrichtungen, mit lokaler und weltweiter Ausrichtung. Sie treten für die Würde des Menschen und das Recht des Schwachen ein und wissen dabei, dass sie selbst auf Hilfe angewiesen sind.

Weil Christinnen und Christen in der Gesellschaft leben, hat das Tun und Lassen, das Reden und Schweigen der christlichen Gemeinde und ihrer Glieder gesellschaftliche Auswirkungen. Bis heute ist das christliche Ethos in Deutschland auch für staatliches Sozialhandeln grundlegend. Zur Förderung des Gemeinwohls arbeiten der Staat und die Spitzenverbände der freien Wohlfahrtsverbände zusammen, von denen einige durch christliche Wertvorstellungen geprägt sind. Auch das Diakonische Werk der EKD ist ein Spitzenverband der freien Wohlfahrtspflege. Es vertritt gemeinsam mit den Diakonischen Werken der Landeskirchen und der organisierten diakonischen Arbeit in den Freikirchen und Kirchenkreisen den diakonischen Auftrag gegenüber Bund, Ländern und Gemeinden. Dabei hat die Diakonie teil an dem grundgesetzlich garantierten Selbstbestimmungsrecht der Kirche und an der Religionsfreiheit (Artikel 4 GG).

Die Arbeit der Diakonie ist unter anderem bestimmt durch das in der staatlichen Sozialgesetzgebung verankerte Subsidiaritätsprinzip. Danach sollen staatliche Stellen selbst keine Dienste und Einrichtungen aufbauen bzw. betreiben, wenn freie Träger dies tun. Der Staat ist verpflichtet, im Rahmen der gesetzlichen Bestimmungen diese Arbeit angemessen zu finanzieren. Jedoch sind ohne kirchliche Mittel die diakonischen Aufgaben nicht zu leisten. Auf Bundes- und Länderebene zählt die Diakonie zu den größten öffentlichen Arbeitgebern. In der Bevölkerung genießt sie hohes Ansehen.

Kirchengemeinden und andere kirchliche Körperschaften unterhalten vielfach Diakoniestationen (Sozialstationen). Darüber hinaus besteht ein dichtes Netz von Hilfsangeboten in Form von Einrichtungen und Diensten, z. B. Krankenhäuser, Seniorenheime und Einrichtungen für Menschen mit Behinderungen, Schulen, Kindertagesstätten, Ehe-, Familien- und Suchtberatungsstellen und Aus- und Fortbildungsstätten für soziale Berufe. Die Träger diakonischer Arbeit arbeiten in eigener Verantwortung aufgrund kirchlicher Diakoniegesetze unter Beachtung staatlicher Vorgaben und Regelungen.

Diakonie ist eine unverzichtbare Lebens- und Wesensäußerung der Kirche. Das diakonische Handeln der Kirche ist für viele ein wichtiger Grund ihrer Kirchenmitgliedschaft. Bei aller Eigenständigkeit diakonischer Einrichtungen erfüllen sie ihren Auftrag als Werke der Kirchen.

Die Diakonie steht vor großen Herausforderungen, z. B. vor der Frage, wie unter den Gesetzen des (europäischen) Marktes, angesichts der Sparpolitik der öffentlichen Hand, angesichts der Ökonomisierung der Hilfeleistungen traditionelle Hilfsangebote aufrechterhalten werden können und wie sie angesichts des Konkurrenzdrucks durch andere Anbieter sozialer Hilfe ihr christliches Profil wahren kann. Grundsätzlich geht es um eine neue Verhältnisbestimmung von Staat, Gesellschaft und Bürgern und um die Frage, welche gesellschaftspolitische Mitverantwortung die Diakonie für die Gestaltung eines solidarischen und gerechten Gemeinwesens einnehmen will. In diesem Umgestaltungsprozess versucht die evangelische Diakonie sich hinsichtlich ihrer Grundlage und Zukunftsperspektiven zu orientieren und die Voraussetzungen evangelischer Hilfeleistungen zu beschreiben.

Eine weitere Herausforderung liegt darin, die Arbeitsbedingungen in den diakonischen Diensten so zu gestalten, dass sich die Anforderungen an Professionalität und Qualität mit dem christlichen Menschenbild verbinden. Z. B. ist aus der Ge-

meindeschwester von einst die Pflegekraft in der Diakoniesta-
tion (Sozialstation) auf Stadtteilebene oder in der Region geworden. Kirchengemeinden und diakonische Einrichtungen
müssen darauf achten, dass sie einander nicht aus dem Blick
verlieren.

Die Diakonie bemüht sich, den Herausforderungen krea-
tiv und innovativ zu begegnen, die Mitarbeiterinnen und Mitarbeiter an den inhaltlichen Grundfragen des diakonischen Dienstes zu beteiligen, die Verantwortung der Gemeinden auch unter
den veränderten Rahmenbedingungen herauszustellen und das
ehrenamtliche Engagement von Gemeindegliedern zu fördern.

Biblische Grundlagen und theologische Orientierung

Die Bibel bezeugt im Alten und Neuen Testament eine Haltung
des Erbarmens und ein Eintreten für solche Gerechtigkeit, wie
Gott sie für seine Schöpfung will. Er wendet sich seiner Kreatur
zu, hört ihr Seufzen, erbarmt sich ihrer in Liebe und will, dass
sie ihren Lebenssinn nicht verfehlt. Nächstenliebe und Rechts-
schutz für Schwache gehören im Alten Testament zu den zentralen biblischen Geboten (Lev 19,18; Ex 22,20-26). Die Armen
und ihr Recht sind ein wichtiges Thema im Leben des Volkes
Israel und in der Verkündigung der Propheten (Ex 23,6; Sach
7,9). Rechtsbruch und Vernachlässigung der Armen stehen unter
der Drohung des Gerichts Gottes (Am 2,6).

Jesus erklärt im Neuen Testament das Gebot der Gottes-
und Nächstenliebe zum wichtigsten Gebot, weil darin alle Weisungen Gottes zusammengefasst sind (Mt 22,37-40). Zur Nächstenliebe gehört die Barmherzigkeit, für deren Ausübung sich
Christinnen und Christen an Gottes Handeln orientieren können:
»Seid barmherzig, wie auch euer Vater barmherzig ist« (Lk 6,36).
Das Wirken Jesu ist Maßstab christlichen Handelns: »Liebt euch
untereinander, wie ich euch geliebt habe« (Joh 13,34). Sein Auf-
treten war durch die Haltung des Dienens gekennzeichnet: »Ich
aber bin unter euch wie ein Diener« (Lk 22,27); wörtlich lautet
die Übersetzung »wie einer, der Diakonie/Dienst übt«.

Die frühen Gemeinden sammelten für die Bedürftigen und beauftragten aus ihrer Mitte Armenpfleger (vgl. Apg 6,1-7). Sie haben das Gebot der Nächstenliebe, wie Jesus Christus es gepredigt und gelebt hat, unter sich verwirklicht und über die Grenzen der Gemeinde hinweg alle Menschen eingeschlossen, die Hilfe brauchten (Gal 6,10). Aus der Praxis der Liebe (Agape) hat sich die Fürsorge für andere entwickelt.

Überall dort, wo Menschen einander helfen, wo einer dem anderen das Notwendige gibt, wird die Liebe Gottes sichtbar. Im Licht von Gottes Gerechtigkeit und Gericht fallen dabei alle Grenzen der Gemeinde und der Kirche, denn Gott hat allen die Gabe gegeben, das Gute zu tun (vgl. Röm 2,14).

Die biblischen Schriften und die ersten Christinnen und Christen denken vom Dienst Gottes an den Menschen her. Gott weist die auf sich bezogenen Menschen an ihre Mitmenschen. Dies schließt auch die Fernen und Fremden ein. Auch ihnen wird Liebe und Barmherzigkeit zuteil. Die Einheit von Verkündigung und diakonischem Dienst ist dabei Kennzeichen der christlichen Gemeinde, denn der Glaube findet seinen Ausdruck in der Tat.

Im frühen Mittelalter war das Armen- und Fürsorgewesen eine Angelegenheit der Kirche, vor allem der Klöster und Spitäler. Nach der Reformation ging die von der Kirche getragene Armenfürsorge mehr und mehr in die Verantwortung der Bürgerschaft und des städtischen Magistrats über. Mit Beginn des Industriezeitalters forderten Armut und Elend Staat und Kirche heraus, ohne dass die Kirche zunächst dieser Herausforderung hinreichend begegnete. Daneben nahmen sich im 19. Jahrhundert Christinnen und Christen, vielfach durch die Erweckungsbewegung geprägt, in freien Initiativen und unabhängig von der verfassten Kirche, der sozialen Notstände an. Ihre Arbeit wurde wesentlich durch diakonische Schwestern- und Bruderschaften getragen, die sich als Glaubens-, Lebens- und Dienstgemeinschaften sahen. Sie verstanden ihren Dienst als Beitrag zur »inneren Mission« Deutschlands. Johann Hinrich Wichern versuchte, wenn auch vergeblich, eine enge Verbindung zwischen der »Inneren Mission« und der verfassten Kirche herbeizuführen.

Während der Zeit des Nationalsozialismus wurde staatlicherseits versucht, die Diakonie zu vereinnahmen. Diese Erfahrungen führten nach Ende des Zweiten Weltkrieges zur Anerkennung der Diakonie als Lebens- und Wesensäußerung der Kirche. Diese Formel hat sich als richtungsweisend erwiesen und ist 1948 in die Grundordnung der Evangelischen Kirche in Deutschland übernommen worden (Artikel 15). Die theologische Verhältnisbestimmung von Kirche und Diakonie ist damit jedoch nicht zum Abschluss gekommen. Klar ist, dass die reformatorische Abfolge von Wortgeschehen und Werken der Barmherzigkeit keine Nachrangigkeit der Werke bedeutet.

Das sich in der Diakonie ausdrückende Ethos bleibt nicht auf den Raum der Kirche beschränkt. Die Vorstellungen von Menschenwürde und Menschenrecht gehören zum kritischen Potenzial christlicher Diakonie und Theologie. Die ethische Kraft biblischer Maßstäbe findet sich auch in säkularen Idealen von Humanität und Mitmenschlichkeit. Folglich ist es unter veränderten sozialpolitischen Rahmenbedingungen möglich, mit Menschen guten Willens das Gute gemeinsam zu tun und mit anderen Hilfsorganisationen zusammenzuarbeiten.

Regelungen

1. Diakonie als Werk der Kirche

Kirchen und Gemeinden sollen Gottes Liebe zur Welt in Jesus Christus allen Menschen bezeugen, sich als soziale Anwälte der Schwachen verstehen und Diakonie als eine wesentliche Gestalt dieses Zeugnisses entwickeln. Sie haben den Auftrag, sich besonders der Menschen in leiblicher Not, in seelischer Bedrängnis und in sozial ungerechten Verhältnissen anzunehmen und zu versuchen, die Ursachen dieser Nöte zu beheben. Des Weiteren umfasst dieser Auftrag die Erziehung und Betreuung von Kindern und Jugendlichen. Kirchen und Gemeinden sollen diesen Dienst an Einzelnen und an Gruppen, an Nahen und an Fernen, an Christen und Nichtchristen in ökumenischer Weite tun.

2. Verantwortung des Kirchenvorstandes

(1) In der Kirchengemeinde geschieht Diakonie in der Verantwortung des Kirchenvorstandes, indem dieser im Rahmen
seiner Möglichkeiten dafür sorgt, dass entsprechende Einrichtungen, Mitarbeiterinnen und Mitarbeiter sowie Sach-
mittel vorhanden sind. Das kann auch in Verbindung mit
anderen Kirchengemeinden oder auf der Ebene des Kirchenkreises geschehen.

(2) Die Selbstständigkeit diakonischer Einrichtungen mit eigener Rechtsform ist zu wahren.

(3) Mit anderen Trägern diakonischer und sozialer Arbeit im
Bereich der Kirchengemeinde soll Verbindung gehalten und
Zusammenarbeit gesucht werden.

3. Übertragung diakonischer Aufgaben

Der Kirchenvorstand kann einzelnen seiner Mitglieder besondere diakonische Aufgaben übertragen. Die Beauftragten achten
darauf, dass diese in den Beratungen und Entscheidungen des
Kirchenvorstandes berücksichtigt werden. Sie halten mit den
entsprechenden Einrichtungen in der Gemeinde Kontakt. Der
Kirchenvorstand tritt dafür ein, dass alle Gemeindemitglieder den
diakonischen Auftrag erkennen, und fördert sie dabei.

4. Diakonieausschuss

(1) Der Kirchenvorstand kann nach gliedkirchlichem Recht zur
Förderung der diakonischen Arbeit einen Diakonieausschuss
berufen. Dieser soll aus Mitgliedern des Kirchenvorstandes,
in der Diakonie tätigen Mitarbeiterinnen und Mitarbeitern
und sachkundigen Gemeindegliedern gebildet werden.

(2) Er hat die Aufgabe, das diakonische Handeln der Gemeinde
auch in Verbindung mit vorhandenen Einrichtungen anzure-
gen und zu fördern. Er berät den Kirchenvorstand in allen
diakonischen Fragen.

5. Zusammenarbeit

(1) Kirchenkreise und Gliedkirchen stärken die Gemeinden bei
der Erfüllung ihres diakonischen Auftrags. Sie fördern die

Arbeit der diakonischen Werke und Einrichtungen in ihrem
Bereich und unterstützen deren Zusammenarbeit mit den Gemeinden und anderen Verbänden der freien Wohlfahrtspflege.

(2) Die Zusammenarbeit und der Kontakt zwischen der verfassten Kirche und den selbstständigen diakonischen Einrichtungen muss von beiden Seiten gefördert und gepflegt werden.

6. Förderung von Ehrenamtlichkeit und Initiativen

Die Gemeinden sollen für den diakonischen Dienst ehrenamtliche Mitarbeiterinnen und Mitarbeiter gewinnen und befähigen,
indem sie diesen Aus- und Fortbildung ermöglichen. Kirchen
und Gemeinden sollen ebenfalls Initiativen unterstützen, die in
verschiedenen Lebenszusammenhängen Menschen Hilfe anbieten, z. B. in Besuchsdiensten und Tafeln für Bedürftige. Diakonie und Gemeinden sollen auf diesem Feld zusammenarbeiten,
um deutlich zu machen, dass die Basis des diakonischen Dienstes das persönliche Engagement im Alltag und am Lebensort bildet.

7. Entwicklung der Sozialkultur

Kirchen und Gemeinden sollen im Gespräch mit anderen Ver-
antwortungsträgern in der Gesellschaft ethische Maßstäbe für
das soziale Handeln erörtern und sich gegenüber rein ökonomi-
schen Gesichtspunkten zu Wort melden und sich auf der Grundlage des biblisch-christlichen Menschenbildes für die Würde und
den Wert des menschlichen Lebens einsetzen.

4. Mission, Ökumene und Entwicklung[29]

Wahrnehmung der Situation

Es gibt heute in allen Kontinenten und in fast allen Ländern christliche Gemeinden und Kirchen, ein Ergebnis intensiver christlicher Missionsarbeit, vor allem der letzten beiden Jahrhunderte. Dieses Kapitel der Missionsgeschichte wird heute in Deutschland und in den Ländern Asiens, Afrikas, Lateinamerikas und des Pazifik wegen des Zusammenhangs mit der kolonialen Machtausübung europäischer Staaten kritisch gesehen. Es wird beklagt, dass damals wehrlose Menschen ihrer Kultur, ihrer Lebensweise und ihrer traditionellen Religion beraubt wurden und sich europäischer Lebensweise und Zivilisation sowie der christlichen Religion anpassen mussten.

Diese kritischen Anfragen und Einsichten sind berechtigt. Die Geschichte der christlichen Mission ist auch eine Geschichte von Scheitern und Schuld. Aber eine pauschale Diskreditierung der Missionsgeschichte übersieht die Tatsache, dass viele »Missionierte« das Evangelium als befreiende Kraft erfahren haben. Die heute selbstständigen Kirchen des Südens verstehen sich als bewusst missionarische Kirchen. Nur so ist ihre Lebendigkeit und Ausstrahlungskraft verständlich. Entsprechend hat sich das Missionsverständnis erweitert hin zu einer partnerschaftlichen Glaubens-, Lern- und Solidargemeinschaft, die sich weltweit für Gerechtigkeit, Frieden und Bewahrung der Schöpfung einsetzt. Die Anfänge dazu reichen schon in koloniale Zeiten zurück, als Missionarinnen und Missionare Schulen, Lehrwerkstätten, Krankenhäuser und soziale Einrichtungen gegründet haben.

Missionarische Verkündigung machte die Übersetzung der Bibel auch in bislang unerforschte Sprachen nötig. Ähnlich der Übersetzung Luthers ins Deutsche zur Zeit der Reformation, entwickelte sich daraus eine Eigendynamik, die zur Wertschätzung

---

29. Vgl. für die ELKB: Unsere weltweite Verantwortung – Regensburger Erklärung der Landessynode (Herbst 1995; Anlage 7, S. 192ff.)

der eigenen Kultur und vor allem zu der Befreiung der Menschen durch das Evangelium führte. Das Evangelium in der Muttersprache brachte eigenständige christliche Antworten hervor. Letztlich trug dies auch zum Aufbau eigener Bildungssysteme und zur Überwindung ungerechter Ausbeutung durch die Kolonialmächte bei. Viele Führer und Befreiungskämpfer gegen koloniale Unterdrückung waren durch die biblische Botschaft geprägt und hatten sich ihre Weltsicht in christlichen Schulen und Universitäten angeeignet, die, wie Krankenhäuser und Lehrwerkstätten, von Missionarinnen und Missionaren gegründet worden waren.

Die ökumenische Bewegung, die aus der Missionsbewegung des 19. Jahrhunderts erwachsen ist, hat nach dem Ersten Weltkrieg kräftige Impulse erhalten. Das Wort »Ökumene« hat heute verschiedene Bedeutungsnuancen. Es bezeichnet die Kontakte und das Zusammenwirken sowohl verschiedener christlicher Kirchen und Gemeinschaften an einem Ort als auch weltweit. Ökumene bezeichnet ebenso die Begegnung und die Zusammenarbeit einzelner Christen und Gruppen unterschiedlicher Herkunft in verschiedenen Ländern. Dabei ist inzwischen ein Stand gegenseitiger Information, Akzeptanz und Kooperation erreicht, der noch vor Jahrzehnten undenkbar schien. Dieser Stand ökumenischen Handelns wird dennoch von manchen als Stagnation angesehen, weil sie noch weitergehende Schritte zu umfassender Einheit erwarten.

Impulse aus der Ökumene haben erkennbar und nachhaltig das kirchliche Leben in Deutschland geprägt. So wird Mission als Möglichkeit verstanden, sich gemeinsam mit anderen Menschen auf den Weg des Glaubens zu machen. Dazu ist eine Kenntnis und Darstellung des eigenen Glaubens ebenso nötig wie Dialog- und Lernbereitschaft.

Die Aktivitäten im Rahmen des Konziliaren Prozesses in vielen Gemeinden gehen auf Anstöße aus der Ökumene zurück. Deutlich wird dabei, welche Hilfe zur Orientierung vom Glauben an Jesus Christus her kommt, wenn es um den Einsatz für mehr Gerechtigkeit, für die Überwindung von Gewalt, für die Erhaltung des Friedens und um die Bewahrung der Schöpfung geht. Lokale Fragestellungen sind oft in weltweite Zusammenhänge verflochten. Leider fällt es oft schwer, entsprechende theologische Dokumente aus der Ökumene in den Gemeinden bekannt zu machen und umzusetzen.

Die sich entwickelnden Partnerschaften auf allen Ebenen in unseren Kirchen und Gemeinden mit den aus der Weltmission entstandenen selbstständigen Kirchen haben Rückwirkungen. So fragen die in den früheren Missionsgebieten entstandenen Kirchen heute dringlich und nachdrücklich nach der Lebendigkeit des kirchlichen Lebens bei uns. Sie möchten von uns erfahren, wie wir christlichen Glauben unter unseren Lebensumständen bezeugen und praktizieren. So wird uns durch engen Kontakt mit den Partnerkirchen und -gemeinden in Übersee zunehmend deutlich, dass in Deutschland Mission notwendiger denn je ist. Die früher vorgegebene Beheimatung in einer Kirche ist für immer weniger Menschen selbstverständlich. »Mission vor der eigenen Haustüre« und »missionarische Gemeinde« sind programmatische Begriffe für den Gemeindeaufbau. In manchen Gemeinden sind neue Bewegungen und Arbeitsformen entstanden, um den christlichen Glauben öffentlich zu bezeugen und Formen des Gemeindelebens zu entwickeln, die fähig sind, Fragende, Suchende und Wieder-Hinzukommende einzuladen und aufzunehmen.

Biblische Grundlagen und theologische Orientierung

Gott will, »dass allen Menschen geholfen werde und sie zur Erkenntnis der Wahrheit kommen« (1 Tim 2,4). Der Auftrag zur Mission ist im gnädigen, heilschaffenden Willen Gottes verankert und hat seinen Grund im Weg und Wirken Jesu Christi. Christus schließt die ihm zugehörigen Menschen ausdrücklich in seine eigene, vom Vater ausgehende Sendung ein (Missio). Nach dem im Johannesevangelium aufgezeichneten hohepriesterlichen Gebet bittet Jesus, der von Gott Gesandte, für diejenigen, die er sendet, dass »...sie alle eins seien..., damit die Welt glaube« (Joh 17,21).

Die Einheit derer, die in unterschiedlich geprägten Konfessionen und Kulturen an Gott, den Vater Jesu Christi, glauben,

ist durch ihre Christuszugehörigkeit in der Taufe bereits vorgegeben. Alles Bemühen der Kirchen um Gemeinschaft will diese
vorgegebene Einheit Wirklichkeit werden lassen – auch wenn es
unterschiedliche Interessen, Ziele, Wege und Kirchen in der
Ökumene gibt und geben wird.

»Mission« heißt: das Senden und Hineinwirken in diese
Welt gehört zum Wesen Gottes, wie es in einzigartiger Weise
in der Sendung Jesu in die Welt zum Ausdruck gekommen ist
(Joh 3,16).

Menschen, die sich durch den Heiligen Geist bewegen
und senden lassen, haben Teil an der Mission Gottes: »Wie mich
der Vater gesandt hat, so sende ich euch« (Joh 20,21).

Die Sendung Jesu zielt auf den ganzen Menschen, auf
Leib und Seele, auf Bedürfnisse geistlicher und materieller Art.
Darum geschieht das christliche Zeugnis in Wort und Tat. Als
Jünger von Johannes dem Täufer Jesus fragen: »Bist du es, der
da kommen soll?«, antwortet er: »Gehet hin und saget Johannes
wieder, was ihr hört und seht: Blinde sehen und Lahme gehen,
Aussätzige werden rein und Taube hören, Tote stehen auf und
Armen wird das Evangelium gepredigt, und selig ist, wer sich
nicht an mir ärgert.« (Mt 11,4-6).

Schon in der Zeit des Pietismus und der Erweckungsbe-
wegungen haben Missionsgesellschaften sowohl geistliche als
auch soziale Aufgaben wahrgenommen. Bis heute begründet ein
ganzheitliches Verständnis von Mission die Hilfe zur Selbsthil-
fe, etwa durch Entwicklungsprojekte. Dazu gehören auch politi-
sches Engagement und der Einsatz für Menschenwürde und
Menschenrechte. Heute ist der unlösbare Zusammenhang von
Mission, Ökumene und Entwicklung unbestritten.

Im Laufe der Zeit entwickelte sich auch die Einsicht in
den Zusammenhang von »Mission« (als Bemühen, Menschen,
die noch nicht an Christus glauben, für ihn zu gewinnen) (Mt
28,19f.) und »Evangelisation« (als Bemühen, dem Glauben ent-
fremdete Getaufte zu einem lebendigen und vertieften Christenleben zu verhelfen). Die »Aussendung« und der Auftrag zur Evan-
geliumsverkündigung sind in der Bibel begründet. Es steht nicht
im Belieben einer Kirche, ob sie sich an der Sendung des Dreiei-

nigen Gottes beteiligt. Eine Kirche, die sich selbst der Mission verdankt, hat auch den Auftrag, an der Mission Gottes aktiv teilzunehmen. Es ist eine Überlebens- und Zukunftsfrage, ob es ihr gelingt, missionarisch und ökumenisch zu sein. Denn eine Kirche ohne Mission ist eine tote Kirche.

Mission und Evangelisation geschehen aber nicht in einem Vakuum, sondern treffen auf andere Religionen, Weltanschauungen und Glaubensüberzeugungen, in denen sich Gott als Herr und Schöpfer »nicht unbezeugt gelassen hat« (Apg 14,17). Festzuhalten ist, dass Gottes Hinwendung zur Welt und seine Mission in der Welt durch Jesus Christus einen abschließenden und geschichtlich einmaligen Charakter hat (Hebr 1,1ff.). Auf diesem Hintergrund geschehen Mission und Evangelisation ebenso wie Dialog und Zusammenleben mit Menschen anderen Glaubens. Von Christinnen und Christen ist darum einerseits Toleranz und Zusammenarbeit bei der Lösung globaler Probleme, andererseits aber sichtbare Bekundung der eigenen Identität und klare »Rechenschaft über die Hoffnung, die in uns ist« (1 Petr 3,15) gefordert.

Über die Frage der »Judenmission« sind seit langem in Gemeinden und christlichen Gruppen gegensätzliche und engagierte Diskussionen im Gange. Fest steht, dass Christen auch Juden gegenüber ihren Glauben bezeugen sollen; ausgeschlossen ist jedoch ein Drängen auf Bekehrung (vgl. Leuenberger Texte 6, Kirche und Israel, 3.2). Wie in jeder biblisch begründeten Mission handelt es sich vielmehr um ein dialogisches Geschehen. Dabei ist bei aller bleibenden Differenz im Verständnis der Erlösung durch Jesus Christus die gemeinsame Wurzel von Judentum und Christentum zu betonen.

Regelungen

1. Mission als Auftrag der Kirche

(1) Kirche und Mission gehören untrennbar zusammen. Darum müssen die Kirchen mit ihrem jeweiligen Missionswerk diese Zusammengehörigkeit in die Tat umsetzen.

(2) Kirche und Gemeinden, Christinnen und Christen sollen geistlich, personell und materiell Ökumene und Entwicklung fördern: von einzelnen Aktivitäten und Projekten auf Gemeindeebene bis hin zur Unterstützung der weltweiten Zusammenschlüsse.

(3) Zur Mission gehört die Bereitschaft zum Dialog mit Menschen anderen Glaubens und anderer Weltanschauungen.

(4) Für das Verhältnis zu den jüdischen Brüdern und Schwestern gilt[30]: Alle Begegnungen von Christen und Juden, die dem gegenseitigen Hören auf das jeweilige Glaubenszeugnis Raum geben und vom Respekt vor dem Anderssein des anderen getragen sind, verdienen Unterstützung und Förderung. Allen Versuchen, die darauf zielen, Juden von ihrem Glauben abzubringen, ist zu widersprechen. Begehrt jedoch eine Jüdin oder ein Jude die Taufe, so ist diesem Wunsch zu entsprechen.

2. Missionarische Aktivitäten der Gemeinden

(1) Dem Auftrag der Gemeinde, missionarisch zu wirken, soll in vielfältiger Weise entsprochen werden, um Getaufte zu einem lebendigen Christenleben einzuladen sowie Nichtchristen für Christus zu gewinnen. Das erfordert Befähigung und Bereitschaft der Gemeinde, über den eigenen Glauben Rechenschaft abzulegen und sich für Hinzukommende zu öffnen.

(2) Die Erfahrungen aus der Weltmission, vor allem mit den aus der Mission entstandenen und nun selbst missionierenden Partnerkirchen, sollen zum Gemeindeaufbau genutzt werden. Deshalb muss der Austausch ökumenischer Mitarbeiterinnen und Mitarbeiter intensiviert werden.

(3) Die Gemeinden sollen Begabungen entdecken und fördern sowie Menschen gewinnen und begleiten, die zum Zeugnis im eigenen Bereich oder zur Übernahme von Aufgaben in der weltweiten Ökumene, Mission und Entwicklungszusammenarbeit bereit sind.

---

30. Vgl. für die ELKB: Erklärung der Evangelisch-Lutherischen Kirche in Bayern zum Thema »Christen und Juden« (1998 Anlage 8, S. 197ff.)

3. Ökumenische Zusammenarbeit vor Ort
Das Zusammenwirken der Christinnen und Christen verschiedener Konfessionen, verschiedener Sprache und Herkunft am Ort, in der Region und im gesamtkirchlichen Rahmen sollte auf verbindliche Absprachen und Vereinbarungen hinzielen.

4. Partnerschaftliche Zusammenarbeit
(1) Zum Teilen der geistlichen und materiellen Güter sollen die Kirchengemeinden die Möglichkeit zu Direktpartnerschaften nutzen. Dabei sollen regionale Kooperation angestrebt und die Erfahrungen der jeweiligen Partner sowie die Hilfen der Missions- und Diasporawerke genutzt werden. Das Zusammenwirken mit gesamtkirchlichen Aktivitäten ist erforderlich.

(2) Es sind Möglichkeiten zum Erfahrungsaustausch und zur Koordination der von Missionswerken gepflegten Verbindungen in den Süden, der Diasporaarbeit und der neuen Arbeitsform der ökumenischen Diakonie im europäischen und weltweiten Rahmen zu schaffen.

5. Kooperation und Vernetzung
(1) Für die vielfältigen Aktivitäten von Aktionsgruppen, Vereinen und Förderkreisen auf den verschiedenen Ebenen von Gemeinde, Region und Gesamtkirche sollen geeignete Instrumente zur Kooperation und Koordination geschaffen werden, um die geistlichen, personellen und materiellen Ressourcen sinnvoll und effektiv einzusetzen und den Austausch über gemeinsame Ziele bei unterschiedlichen Ausgangspunkten zu fördern. Das betrifft insbesondere diejenigen, die in verschiedenen Bereichen der Entwicklungsarbeit im Sinne der ökumenischen Diakonie tätig sind.

(2) Auf der Ebene der Gemeinden, der Region und der Kirchen sind Voraussetzungen zu schaffen, um Impulse, Anregungen und Programme der überregionalen Zusammenschlüsse (z. B. ÖRK, LWB, KEK, ACK) sowie VELKD und DNK des LWB in die jeweilige örtliche Situation umzusetzen und die Zusammenarbeit mit diesen Gremien und Organisationen zu suchen.

6. Missionarische Kirche in globaler Verantwortung

(1) Zur Wahrnehmung der globalen Verantwortung sind Bildungsangebote zu Fragen der Entwicklung und Ökumene durch Gemeinden und andere im Bildungsbereich Tätige erforderlich. Zum missionarischen Wirken der Kirche auf allen Ebenen gehören ebenso Aktivitäten in den Gemeinden wie die Fortbildung von ehrenamtlichen Mitarbeiterinnen und Mitarbeitern.

(2) Missionarische Kirche soll die Anwaltschaft in Fragen der wirtschaftlichen Gerechtigkeit und der Menschenrechte übernehmen, um angesichts globaler Herausforderungen die gemeinsame Verantwortung und Solidarität zu stärken.

5. Gesellschaftliche Verantwortung[31]

Wahrnehmung der Situation

Die gesellschaftliche Rolle der Kirche in Deutschland ist immer wieder Diskussionsthema. Auf dem Hintergrund der Trennung von Staat und Kirche verlangen viele von ihr Zurückhaltung in öffentlichen und politischen Angelegenheiten und Beschränkung auf das Religiöse, andere erwarten deswegen, dass die Kirchen ein kritisches Gegenüber zum Staat darstellen. Beide Sichtweisen lassen sich auf ein Charakteristikum der Staatsauffassung der Bundesrepublik, die sich z. B. in der Präambel des Grundgesetzes widerspiegelt, beziehen. Der Staat kann sich die Grundlagen nicht schaffen, auf denen er beruht.

Auch auf diesem Hintergrund werden hohe Erwartungen an die Kirche gerichtet: Ein stärkerer Einsatz für soziale Gerechtigkeit, für Frieden in der Welt und die Bewahrung der natürlichen Lebensgrundlagen. Im Hinblick auf eine sich stark wandelnde Arbeitswelt und die Probleme der Arbeitslosigkeit wird die Kirche aufgefordert, sich für eine gerechte Verteilung der Arbeit und gleiche Bildungschancen einzusetzen. Diese Erwartungen gehen nicht nur von ihren Mitgliedern aus, die von ihr klare Richtlinien für Glauben und Handeln einfordern, sondern auch von Menschen, die ihr nicht angehören. Die Kirche gilt als eine moralische Instanz, der man Orientierungshilfe in einer zunehmend pluralistischen Welt zutraut.

Faktisch nimmt die Kirche durch eine Vielzahl von Aktivitäten gesellschaftliche Verantwortung wahr: im eigenen Land und weltweit durch ihre Einbindung in den Lutherischen Weltbund und in die ökumenische Bewegung. Durch die Wahrnehmung ihres Bildungsauftrages, öffentliche Verlautbarungen wie Denkschriften, Diskussionsforen in ihren Akademien, eigene Institute zur Bearbeitung von Fragen der Medizinethik und der Tech-

---

31 Vgl. für die ELKB: Bildungskonzept für die Evangelisch-Lutherische Kirche in Bayern (2004; zu beziehen über das Landeskirchenamt München)

nikfolgen-Abschätzung, durch Bezugnahme auf soziale und politische Probleme in ihrer Verkündigung, Hilfeleistung in Diakoniestationen, Krankenhäusern und Sozialarbeit, durch das Angebot von Kindertagesstätten, Jugendzentren, Arbeit mit Senioren
und Menschen mit Behinderungen ist die Kirche öffentlich tätig.
Kirchenmusik und kirchliche Kunst bereichern das gesellschaftliche Leben. Mit der Pflege ihrer historischen Kirchengebäude
trägt die Kirche zur Erhaltung wichtiger Kulturgüter bei. Dazu
kommt die aktive Beteiligung von Christinnen und Christen in
Parteien, Gewerkschaften und Arbeitgeberverbänden, in huma-
nitären Organisationen und Hilfswerken sowie in allen übrigen
gesellschaftlich relevanten Gruppen. Auch in Besuchs- und Selbst-
hilfegruppen, in der Telefonseelsorge, in der Hospizarbeit, der
Bahnhofsmission und der Gefängnisseelsorge und weiteren Bereichen ist die ehrenamtliche Arbeit von Christinnen und Christen unverzichtbar. Diese setzen aber auch in ihrem persönlichen
Umfeld durch ihr Reden und Tun Zeichen ihres Glaubens.

Die öffentliche Wahrnehmung kirchlicher Verantwortung
in der Gesellschaft wird rechtlich ermöglicht zum einen durch
das Grundgesetz Art. 4 (Glaubens- und Gewissensfreiheit), Art.
7 Abs. 3 (Religionsunterricht in der Schule) und Art. 140 GG in
Verbindung mit Art. 136 ff. der Weimarer Reichsverfassung, zum
anderen durch Verträge zwischen Staat und Kirche (z. B. Loccu-
mer Vertrag von 1955). Das Verhältnis von Kirche und Staat vollzieht sich in wechselseitiger Kooperation. An vielen sozialen
Aufgaben beteiligt sich die Kirche nach dem Prinzip der Subsidiarität, das den Staat zur Berücksichtigung des vielfältigen Ange-
botes gemeinnütziger Träger verpflichtet. Daraus ergibt sich, dass
der Staat erhebliche Fördermittel für soziale Einrichtungen der
Kirche bereitstellt. Kirchliche Beauftragte halten Kontakt zu den
Parlamenten, Parteien und zu den öffentlich-rechtlichen Medien.

Biblische Grundlagen und theologische Orientierung

Jesus hat öffentlich geredet und gehandelt. Mit seinen Predigten
und Taten hat er in der Tradition der alttestamentlichen Prophe-

ten oft auch bestehende Strukturen in Frage gestellt, denn Gottes Zuwendung zu den Armen und Ausgestoßenen umfasst auch Kritik an den herrschenden sozialen Zuständen. Die Seligpreisungen gelten den Friedliebenden und denen, die nach Gerechtigkeit hungern (Mt 5,6.9). Sowenig die Bergpredigt als unmittelbare politische Handlungsanweisung verstanden werden kann, sosehr ist doch die Radikalität des Liebesgebots bestimmendes Prinzip für Leitbilder sozialen und politischen Handelns von Christinnen und Christen.

Das Urchristentum und die Gemeinden der ersten Jahrhunderte respektieren den Staat der Antike als von Gott verordnete Obrigkeit. In seinem Brief an die Römer fordert der Apostel Paulus die Christinnen und Christen auf: »Jedermann sei untertan der Obrigkeit, die Gewalt über ihn hat. Denn es ist keine Obrigkeit außer von Gott; wo aber Obrigkeit ist, die ist von Gott angeordnet.« (Röm 13,1) Dabei setzt der Apostel voraus, dass die Obrigkeit »Gottes Dienerin, dir zu gut« ist. Paulus erörtert nicht die Frage, ob dieser Grundsatz uneingeschränkt durchzuhalten ist, wenn eine Obrigkeit zu erkennen gibt, dass sie ihren Auftrag, Gutes zu fördern und Böses in Schranken zu weisen, verfehlt. Als der Kaiserkult von allen Untertanen des römischen Reiches gefordert wurde, verweigerten die Christinnen und Christen dies als mit Gottes Gebot unvereinbar, was schwere Verfolgungen nach sich zog. Doch nachdem das Mailänder Toleranzedikt Kaiser Konstantins von 311 das Christentum zur »erlaubten« Religion erklärt hatte, wendete sich das Blatt. Die meisten römischen Kaiser schützten von jetzt an die offizielle kirchliche Lehre, und Theodosius I. erhob das Christentum zur Staatsreligion. Infolge dieser »konstantinischen Wende« waren dem Christentum unbeschränkte öffentliche Wirksamkeit und politische Einflussmöglichkeiten gesichert. Während sich nach der Spaltung des römischen Reiches im Osten die enge Verbindung zwischen Kirche und politischer Macht lange hielt (in Russland bis 1918), hat die römisch-katholische Kirche im Westen an ihrer Unabhängigkeit festgehalten und zeitweise sogar den Primat gegenüber der staatlichen Gewalt beansprucht, was zu schweren Konflikten führte (Investiturstreit). Sie hat ihren Anspruch zunächst durchsetzen können, doch zum Ausgang des Mittelalters ihre beherrschende Stellung verloren.

Luther hat in seiner »Zwei-Regimenten-Lehre« von den zwei Regierweisen Gottes gesprochen: der unmittelbaren in der Wirkung des Wortes Gottes auf das Gewissen des einzelnen Menschen und der durch die Wahrnehmung menschlicher Verantwortung vermittelten Lenkung der gesellschaftlichen Verhältnisse. Beides ist klar voneinander zu unterscheiden. Doch bleibt auch die Aufrechterhaltung weltlicher Ordnung, die auf Gewalt nicht verzichten kann, an Liebe und Gerechtigkeit als Maßstab gewiesen. Aufgrund struktureller Schwäche und wegen des Mangels an geeigneten Führungspersönlichkeiten übertrugen einzelne Reformatoren die Verwaltung der äußeren kirchlichen Angelegenheiten der weltlichen Gewalt (landesherrliches Kirchenregiment). Dies war als Notlösung gedacht, erwies sich aber als dauerhaftes Provisorium. Den Landesherren wurde zwar im Grundsatz kein Mitspracherecht in den geistlichen Angelegenheiten der Kirche zugestanden, aber in der Praxis nahmen sie es doch immer wieder in Anspruch. In dieser Bindung fiel es der Kirche häufig schwer, sich den Fürsten gegenüber gegebenenfalls kritisch zu äußern.

Dennoch liegen in der Zwei-Regimenten-Lehre faktisch die ersten Ansätze zu einer Trennung von Kirche und Staat, die dann von der Aufklärung in den USA und Frankreich vollzogen wurde. In Deutschland dagegen blieb es noch bis 1919 (Weimarer Reichsverfassung Art. 137) bei staatskirchlichen Strukturen. Seit der Mitte des 19. Jahrhunderts entwickelte das Neuluthertum eine Lehre vom Staat als »Schöpfungsordnung«, welche diesem zeitweise eine »Eigengesetzlichkeit« zugestand. Auf diese Weise haben gerade auch die lutherischen Kirchen die sich insbesondere seit der Gründerzeit ausbildende allgemeine Staatshörigkeit theologisch gestützt. Infolgedessen haben lutherische Kirchen im Dritten Reich der Staatsideologie und den in ihrem Namen ausgeübten Verbrechen nicht widerstanden. Es gab nur wenige Ausnahmen. Eine kleine Zahl von Christen aller Konfessionen nahm öffentlich gegen die Judenverfolgung und die Vernichtung so genannten lebensunwerten Lebens (»Euthanasie«) Stellung. An der Barmer Theologischen Erklärung von 1934, die gegen die Übergriffe des Nationalsozialismus auf die Kirche protestierte, waren auch einige Lutheraner beteiligt.

Nach 1945 hat sich in der evangelischen Kirche und unter dem Einfluss der Theologie Karl Barths zunächst ein stärker theokratisches Verständnis der öffentlichen Verantwortung der Kirche unter dem Namen der »Königsherrschaft Jesu Christi« durchgesetzt. Danach sollte es möglich sein, bestimmte politische Grundoptionen als Analogien aus dem Glauben an Jesus Christus herzuleiten. Der Kirche komme ein »Wächteramt« gegenüber staatlichen Entscheidungen zu. Diese Tendenz wurde – und wird bis heute – durch die ökumenische Betonung der prophetischen Aufgabe der Kirche unterstützt. Während darin gegenüber der früher häufigen Zurückhaltung evangelischer Kirchen in politischen Fragen ein Fortschritt zu sehen ist, birgt diese Sicht auch die Gefahr der Dogmatisierung einer bestimmten politischen Option als der angeblich allein christlichen und der Verketzerung von Andersdenkenden. Innerhalb der evangelischen Kirche führte das zu der scharfen Polarisierung der Friedensdiskussion in Westdeutschland. Seit der Wende von 1989 ist hier ein Wandel zu beobachten. Es wird wieder stärker gesehen, dass politische Entscheidungen einerseits vom Glauben geleitet sein sollen, andererseits aber auch durch Vernunft und Sachkenntnis vermittelt sein müssen und keinerlei Anspruch auf Unfehlbarkeit erheben können.

Für die öffentlichen Äußerungen der Kirche ergibt sich daraus: Christinnen und Christen sind dazu aufgerufen, sich zu den für die Gesellschaft wichtigen Problemen zu Wort zu melden. Da sie kein Monopol auf die entsprechenden Sachkenntnisse haben, müssen sie die Zusammenarbeit mit Menschen anderer Überzeugungen anstreben. Dazu gehört wesentlich die politische Meinungsvielfalt. Die Kirche kann niemandem die gesellschaftliche Verantwortung abnehmen; Christinnen und Christen müssen in ihrem von Gott gebundenen Gewissen nach bestem Vermögen selbst die Folgen ihres politischen Handelns und Unterlassens abschätzen. Die evangelischen Kirchen sehen im Blick auf die gesellschaftliche Verantwortung ihre Aufgabe darin, das Gewissen der Einzelnen zu schärfen. Auf diese Weise wird die ethische Kultur in Staat und Gesellschaft gefördert.

Trotzdem genügt es nicht, sich mit dem Verweis auf die Verantwortung des Einzelnen zu bescheiden. Denn das gesellschaftliche Leben wird durch die Wechselwirkungen nicht nur von Einzelnen, sondern auch von Institutionen und Interessengruppen getragen. Politische Wechselwirkungen sind von Macht bestimmt. Macht ist nicht von vornherein böse, sondern die natürliche Bedingung für das Erreichen von Zielen. Wenn die Sache des christlichen Glaubens und der christlichen Liebe gehört werden soll, dann muss sich die Kirche auch als Institution in dieses »Spiel der Kräfte« einmischen. Dabei sind zwei Voraussetzungen zu beachten. Zum einen soll die Kirche keine weltliche Herrschaftsposition für sich selbst anstreben. Zum anderen darf sie sich keine Herrschaft über die Gewissen anmaßen, umgekehrt sollen evangelische Christinnen und Christen keine »politischen Weisungen« von ihrer Kirche verlangen (vgl. EKD-Denkschrift »Aufgaben und Grenzen kirchlicher Äußerungen in gesellschaftlichen Fragen«).

Was kann die Kirche unter diesen Umständen tun? Sie muss zuerst auf die Grundlage christlichen Lebens und Handelns auch im sozialen und politischen Bereich hinweisen, die in der »Feindesliebe Gottes« besteht. Diese stellt die Menschen unter das Leitbild hingebender Liebe, befreit aber zugleich von dem gefährlichen Wahn, die ideale Gesellschaft auf Erden schaffen zu können. Die Liebe Gottes öffnet vielmehr den Blick für mögliche, relative Verbesserungen bestehender Zustände. Da es immer strittig ist, wie diese konkret aussehen sollen, muss die Kirche den gesellschaftlichen Diskurs über die anstehenden Probleme fördern und aus der Blickrichtung des christlichen Glaubens mit Hilfe durchdachter Argumente darauf einwirken. In diesem Sinne fügt sich die Evangelische Kirche in den demokratischen Prozess ein (vgl. EKD-Denkschrift »Evangelische Kirche und freiheitliche Demokratie«). In der Sache soll sie auf »Frieden, Gerechtigkeit und Bewahrung der Schöpfung« hinwirken. Dabei darf die Kirche Konfrontationen mit anders orientierten gesellschaftlichen Kräften nicht scheuen. Sie muss aber sorgfältig prüfen, ob von ihr bewirkte Polarisierungen tatsächlich durch die christliche Botschaft oder aber durch einseitige Parteinahme für eine bestimmte gesellschaftliche Strömung zustande gekommen sind.

Öffentliche Äußerungen der Kirche sind gefragt, wenn es sich um einen status confessionis, d. h. um eine Frage handelt, in der die freie Praxis des Glaubens selbst bedroht ist. Sodann muss die Kirche ihre Stimme erheben, wenn die Grundlagen gesellschaftlichen Zusammenlebens auf dem Spiel stehen. Selbst in solchen Fällen müssen sich jedoch die Repräsentanten der Kirche über ihre Irrtumsfähigkeit im Klaren sein. Die Kirche als Institution soll sich öffentlich dann äußern, wenn es sich als notwendig erweist – nicht jederzeit und zu jeder Detailfrage gesellschaftlichen Lebens. Das politische Alltagsgeschäft muss sie den einzelnen Bürgerinnen und Bürgern in den Parteien und Organisationen überlassen.

Regelungen

1. Öffentliche Verantwortung
Die Kirche soll sich mit ihrer Botschaft von der befreienden Gnade Gottes öffentlich für »Gerechtigkeit, Frieden und Bewahrung der Schöpfung« einsetzen. Wo Grundrechte des Menschen verletzt werden und die Grundlagen für menschenwürdiges Dasein gefährdet sind, soll sie um Gottes und der Menschen willen Einspruch erheben.

2. Kirche und Staat
Die Kirche bejaht die wechselseitige Unabhängigkeit von Kirche und Staat. Gleichwohl gibt es Bereiche gemeinsamer Aufgaben. Gemäß dem Prinzip der Subsidiarität soll sie zur Kooperation mit staatlichen Stellen bereit sein.

3. Demokratie
(1) In der parlamentarischen Demokratie sieht die Kirche eine gute Möglichkeit für ihre Mitglieder, sich an der politischen Willensbildung zu beteiligen. Sie soll diese daher ermutigen, ihr aktives und passives Wahlrecht auf allen Ebenen, von den Kommunen bis zur Europäischen Union, auszuüben und nach Maßgabe ihrer Fähigkeiten öffentliche Ämter zu übernehmen.

(2) Die Kirche unterstützt das gesellschaftliche Engagement ihrer Mitglieder, fördert die öffentliche Willensbildung, stärkt
die Bürgerbeteiligung und trägt bei zum Gespräch zwischen
den unterschiedlichen politischen Überzeugungen.

4. Formen kirchlichen Wirkens in der Öffentlichkeit

Die Kirche soll das Handeln der Politikerinnen und Politiker in
der Fürbitte vor Gott und mit kritischer Anteilnahme begleiten.
Sie soll öffentliche Probleme, die Menschen bewegen, in ihrer
Verkündigung ansprechen und sich darum bemühen, dass die
Gesellschaft nicht in Einzelinteressen zerfällt. Durch Mitwirkung,
z. B. im Bereich der Erwachsenenbildung sowie in Schulen und
anderen Ausbildungsstätten, soll sie Menschen dazu befähigen,
selbstverantwortlich am öffentlichen Leben teilzunehmen. Zu
besonders brennenden gesellschaftlichen Fragen soll sie in Medien öffentlich Stellung nehmen.

5. Politische Betätigung

(1) Pfarrerinnen und Pfarrer sind auch bei politischer Betätigung
ihrem Auftrag verpflichtet; sie schulden ihren Dienst allen
Gemeindegliedern ohne Ansehen ihrer politischen Einstellung.

(2) Kandidiert eine Pfarrerin oder ein Pfarrer bei der Wahl zu einer politischen Körperschaft oder hat sie bzw. er eine Wahl
angenommen, wird auf der Grundlage des Pfarrergesetzes nach
gliedkirchlichem Recht über die Rechtsfolgen entschieden.

6. Autorität und Kritik

Die Kirche bemüht sich auf allen Ebenen ihres öffentlichen Wir-
kens um Treue zu ihrer Sendung in der Nachfolge Jesu Christi
und um die notwendige Sachkompetenz hinsichtlich der sozialen und politischen Fragen, zu denen sie sich äußert. Da sie aber
einerseits nicht in eigener Autorität, sondern im Namen ihres
Herrn spricht und andererseits in ihrer politischen Urteilsfähig-
keit an der menschlichen Fehlbarkeit teilhat, soll sie sich auch
der öffentlichen Kritik an ihren Verlautbarungen und an ihrem
Handeln stellen.

6. Öffentlichkeitsarbeit und Publizistik der Kirche

Wahrnehmung der Situation

»Das Wort zum Sonntag«, Hörfunk- und Fernsehübertragungen von Gottesdiensten, die Beteiligung an Messen und Ausstellungen, Magazinbeilagen in großen Tageszeitungen, Plakataktionen, der Gemeindebrief, der Schaukasten, die Präsenz im Internet: Die Kirche ist Teil der Öffentlichkeit und gestaltet sie mit. Das entspricht ihrem Auftrag, die Botschaft des Evangeliums »aller Welt« bekannt zu machen.

Durch Beteiligung am öffentlichen Leben und durch Eingehen auf das, was Menschen aktuell bewegt, stellt sich die Kirche mit ihren Anliegen dar: durch Pressekonferenzen und -erklärungen, bei Kirchentagen, bei der Pflege geistlich geprägten Brauchtums, durch einen Stand beim Stadtteilfest, bei Bürgerinitiativen zum Schutz von Minderheiten oder der Natur, bei der Übernahme von Trägerschaften sozialer Einrichtungen, in der politischen Auseinandersetzung um Kreuze in Schulzimmern, durch Hilfsaktionen bei Katastrophen u. a. m.

Art und Umfang dieser Beteiligung stoßen innerkirchlich oft auf unterschiedliches Echo und führen zu stets erneutem Nachdenken über den Auftrag der Kirche. Auf der einen Seite soll die Glaubwürdigkeit der Kirche gewahrt und auf der anderen Seite sollen Fernstehende interessiert und gewonnen werden. Die Diskussionen darüber, wie man beidem zugleich gerecht werden könne, sind wiederum selbst Teil von Öffentlichkeitsarbeit.

Die Kirche fordert aber auch selbst Öffentlichkeit und stellt sie her, indem sie Foren oder Räume anbietet und öffentlich Gespräche über Kunst, Politik und kontroverse gesellschaftliche Themen moderiert. Öffentlichkeitsarbeit hat einen hohen Stellenwert in Kultur und Politik, in Forschung, Bildung und Wirtschaft.

Haushalte werden täglich von Informationen, Unterhaltungsangeboten und Werbung überflutet. Das setzt sich in öf-

fentlichen Gebäuden, auf Straßen und Plätzen fort. Unter diesen
Bedingungen der Informations- und Mediengesellschaft geschieht
kirchliches Leben und Handeln. Durch den technischen Fortschritt verändern sich die Rahmenbedingungen der Mediennut-
zung und der sozialen Kommunikation:

- Unübersehbar werden Medienangebote immer stärker von
  marktwirtschaftlichen Überlegungen und mehr von Eigennutz
  als vom Gemeinwohl bestimmt. Durch Konzentrations- und
  Internationalisierungsbestrebungen der Medienunternehmen
  besteht die Gefahr, dass die freie Meinungsbildung, inhaltliche Vielfalt und gleiche Nutzungschancen wirtschaftlichen
  Zielen geopfert werden.
- Die Medien haben eine zentrale Bedeutung für individuelle
  Wahrnehmung, Lebensgestaltung und Wertorientierung gewonnen. Die rasante Entwicklung der Multimedia-Techno-
  logien, ihre weltweite Vernetzung und ihr Einfluss auf Öffentlichkeit und Meinungsbildung haben Folgen für die
  individuelle wie für die soziale Kommunikation.

Die vielfältigen medialen Angebote und ihre Botschaften prägen den Alltagsrhythmus, den Geschmack, die Freizeitgestaltung
und das Kaufverhalten vieler. Auch die Angebote der Kirchengemeinden sind in unterschiedlicher Weise davon betroffen, z. B.
was die Terminierung von Gemeindeveranstaltungen betrifft oder
die Erwartungen an den »Unterhaltungswert« des Gottesdienstes und der Predigt. Brautpaare wünschen sich eine Trauung wie
in Film oder Fernsehen. Seelsorge, aus gutem Grund unspekta-
kulär und verschwiegen, sieht sich einer die Persönlichkeit ver-
letzenden, beim Publikum aber beliebten Form von »Lebenshilfe durch Selbstdarstellung« in Fernsehsendungen gegenüber. Es
zählt die Einschaltquote, denn der Konkurrenzkampf um Zu-
schauer und Leser in der Medienarena ist hart.

    Auch die unabhängige kirchliche Presse muss sowohl im
Wettbewerb der Medien wie auch in der Kirche um ihren Platz
kämpfen. Sie sieht sich dabei oft Erwartungen kirchlicher Kreise gegenüber, die eine Vermittlung ihrer Standpunkte der jour-
nalistischen Unabhängigkeit vorordnen wollen. Die finanzielle

Abhängigkeit von der Kirche kann für zusätzliche Spannung sorgen. Die regionalen Kirchenzeitungen erreichen vor allem eine ältere Stammleserschaft, die sich mit ihrer Kirche identifiziert, sowie kirchliche Mitarbeiterinnen und Mitarbeiter.

Auch die evangelikale Presse- und Medienarbeit hat sich in den vergangenen Jahrzehnten durch professionelle Aufmachung einen beachtlichen Marktanteil in der kirchlichen Medienlandschaft gesichert, so dass der innerkirchliche Konkurrenzdruck zugenommen hat.

In Kirchen und Gemeinden tun sich manche schwer mit den Bedingungen professioneller Öffentlichkeitsarbeit: Zum Teil, weil es an Erfahrung, Mitteln und Kompetenz fehlt, zum Teil, weil Selbstdarstellung in der Kirche selbst noch auf Vorbehalte und Ablehnung stößt. Andere gehen einfallsreich auf die Bedingungen der Mediengesellschaft ein.

Über drei Viertel aller evangelischen Kirchengemeinden in Deutschland geben einen eigenen Gemeindebrief heraus, der sowohl viel gelesene »Visitenkarte« als auch ereignisnahe und regelmäßige Informationsquelle für das Leben der Gemeinden ist. Dabei nutzen die Redaktionsteams immer häufiger computergestützte Text- und Layout-Programme. Vom Foto über Artikel bis zur Verteilung spielen Ehrenamtliche dabei eine gewichtige Rolle. Die Gliedkirchen bieten zur Unterstützung Materialdienste und Fortbildungen an.

Inzwischen bedienen sich immer mehr Gemeinden des elektronischen Gemeindebriefs und stellen sich im Internet vor. Vorteile sind u. a. die hohe Aktualität und die Möglichkeit, interaktiv über E-Mail und Foren mit Leserinnen und Lesern in Kontakt zu kommen. Diese neue Form der Information, des Meinungsaustausches und des Feed-back nutzen auch Kirchenleitungen, kirchliche und diakonische Werke, Einrichtungen und Medienverbände.

Die kompetente und effektive Anwendung dieser neuen Kommunikationsmedien erfordert von den kirchlichen Mitarbeiterinnen und Mitarbeitern neue Qualifikationen, macht Kirche und Gemeinde als berufliches oder ehrenamtliches Betätigungsfeld auch für bisher Fernstehende interessant und verändert innerkirchliche Abläufe. Die Befürchtung, E-Mails könnten den Hausbesuch in der Gemeindeseelsorge mehr und mehr verdrängen, mag so nicht zutreffen, doch kostet die von den elektronischen Medien ermöglichte Zeitersparnis und der mit ihnen verbundene Qualitätsanspruch selbst Zeit. Die Zahl direkter persönlicher Kontakte und Begegnungen nimmt ab bzw. verlagert sich auf die Ebene des Datenaustausches. Zugleich nimmt aber die Häufigkeit der Kontakte zu, weil E-Mail-Kommunikation schneller geht und vielen leichter fällt als die traditionelle Art, Briefe zu schreiben.

In den öffentlich-rechtlichen Rundfunk- und Fernsehanstalten gehören kirchliche Angebote (Verkündigung, Berichte aus dem kirchlichen Leben) und religiöse Themen zum Programmauftrag. Dafür sind von den Kirchen Rundfunkbeauftragte eingesetzt. Daneben haben die Kirchen in ihren jeweiligen Landesrundfunkräten Sitz und Stimme. Mit den privaten und lokalen Sendern, die zum Teil eine stärkere regionale Reichweite haben, wurden inzwischen Vereinbarungen über kirchliche Programmbeteiligung getroffen. Mit der Forderung der Sender, kirchliche Beiträge müssten sich dem Programmumfeld anpassen, setzen sich die Kirchen auseinander. Teilweise wird darin die Möglichkeit gesehen, auch neue Zielgruppen anzusprechen.

In der Kirche des Wortes bilden weiterhin Druckerzeugnisse ein herausragendes Medium: vom Gesangbuch über Denkschriften, Festschriften, Jahrbücher und Kirchenkreisführer bis hin zum Faltblatt oder Veranstaltungshinweis.

Zur Unterstützung der kirchlichen Publizistik wurde 1974 das Gemeinschaftswerk der Evangelischen Publizistik e.V. (GEP) als Werk der EKD gegründet. Dort werden publizistische Aktivitäten angeregt und koordiniert sowie professionelle Aus- und Weiterbildung angeboten.

Biblische Grundlagen und theologische Orientierung

Gott bleibt nicht im Verborgenen. Schon die Propheten im Alten Testament haben Gottes Gegenwart und sein Gericht in aller

Öffentlichkeit verkündigt (vgl. Am 5). Er will Gott für alle Menschen sein und teilt sich mit. Darum feiern Christinnen und Christen öffentlich Gottesdienste, darum reden und handeln sie öffentlich aus ihrem Glauben heraus und bringen Gottes Willen in der Öffentlichkeit zur Sprache: »Ihr seid das Licht der Welt ... Man zündet auch nicht ein Licht an und setzt es unter einen Scheffel, sondern auf einen Leuchter; so leuchtet es allen, die im Hause sind.« (Mt 5, 14)

Jesus selbst hat durch sein Predigen, Lehren und Heilen öffentlich gewirkt. Es geht seither darum, die anvertraute gute Nachricht von Jesus, dem Christus, allen Menschen bekannt zu machen (vgl. Mt 28, 19f., Mt 10,27, 1 Tim 2,4). Deshalb gehören zum Auftrag und Wesen seiner Kirche Verkündigung, Öffentlichkeit und Kommunikation. Dabei ist die Nähe zu den Lebensbedingungen der Menschen und ihrer kulturellen Prägung ein Schlüssel für die Weitergabe und Annahme der frohen Botschaft (vgl. 1 Kor 9, 20-22).

Die Erzählung von der Pfingstpredigt in Jerusalem (Apg 2, 8-11) verdeutlicht, dass die Christusbotschaft nicht an eine bestimmte heilige Sprache gebunden ist, sondern von jedem Menschen in seiner Sprache gehört werden soll. Da die Kirche die Wirkung der Verkündigung als Werk des Heiligen Geistes versteht, spielen bei dieser missionarischen Aufgabe publizistische Maßstäbe und kommunikationstheoretische Aspekte zwar mit, aber nicht die Hauptrolle.

Christinnen und Christen bedienten sich schon immer der Kommunikationsmittel ihrer Zeit: Von der öffentlichen Predigt der Apostel und den Briefen des Neuen Testaments über die Flugschriften, Bücher und Kirchenlieder der Reformation bis zu Rundfunksendungen und der Website im Internet. Dabei kann die Kirche ihre jahrhundertealten Erfahrungen nutzen: Sie weiß, wie Sprache, Bilder und Symbole Menschen Orientierung, Trost und Hilfe geben können, kennt aber auch die Gefahr missbräuchlicher, manipulativer Beeinflussung von Menschen.

Regelungen[32]

1. Kirchlicher Auftrag und öffentliche Präsenz

(1) Die öffentliche Darstellung der Kirche geschieht wesentlich durch die Erfüllung ihres Auftrages, in Wort und Tat Gott zu dienen, den Glauben zu wecken, Liebe zu üben und sich für Frieden, Gerechtigkeit und Bewahrung der natürlichen Lebensgrundlagen einzusetzen.

(2) Kirchliche Öffentlichkeitsarbeit muss als Aufgabe der Kirchen- und Gemeindeleitung wahrgenommen und gefördert werden.

(3) Die Kirche ist verpflichtet, von der Ebene der Gemeinden bis zu ihrer Leitungsebene sorgfältig, rechtzeitig und umfassend zu informieren. Dies gilt sowohl intern als auch für den Umgang mit den Medien.

(4) Die Kirche soll sich journalistischer und künstlerischer Mittel bedienen und die gestalterischen Möglichkeiten der audio-visuellen Medien nutzen. Dabei kann sie auch werbepsychologische Methoden anwenden.

(5) Aus dem Zusammenhang von äußerem Erscheinungsbild und Mitgliederbewusstsein bzw. Teilnahmeverhalten müssen Konsequenzen gezogen werden: Die Kirche soll sich einladend, lebensnah, glaubwürdig, verbindlich und offen präsentieren.

2. Informationspflicht

(1) Die Kirche, ihre Gemeinden und Institutionen müssen dafür sorgen, dass Informationen über Gottesdienste, Veranstaltungen und Dienste allen Mitgliedern zugänglich gemacht werden.

(2) Dazu sollen Beauftragte oder Arbeitsgruppen für Presse- und Öffentlichkeitsarbeit berufen und fortgebildet werden, die mit den Medien zusammenarbeiten und Gemeinden und Ein-

---

32. Vgl. zum Datenschutz: Kirchengesetz über den Datenschutz der Evangelischen Kirche in Deutschland (DSG) – EKD vom 12. November 1993, zuletzt geändert durch Gesetz vom 07. November 2002 (Abl. 2002, S. 381).

richtungen in Fragen der Öffentlichkeitsarbeit beraten können.

(3) Die Gemeinden sollen Gemeindebriefe in gedruckter oder elektronischer Form herausgeben, um zu informieren und zur Teilnahme und Mitwirkung am Gemeindeleben einzuladen.

3. Rahmenbedingungen

(1) In kirchlicher Öffentlichkeits- und Medienarbeit müssen die Würde des Gottesdienstes und der Verkündigung, das Seelsorgegeheimnis und die Bestimmungen des Datenschutzes beachtet werden.

(2) Die kirchliche Öffentlichkeits- und Medienarbeit soll dafür eintreten, dass die Würde des Menschen in der Berichterstattung unangetastet bleibt.

4. Publizistik

(1) Die evangelische Publizistik soll unabhängig über das kirchliche Leben und die christliche Lebenswirklichkeit berichten und gesellschaftliche Vorgänge kritisch begleiten.

(2) Sie soll Benachteiligten Gehör verschaffen, auf menschliche Nöte hinweisen und auf Abhilfe dringen.

5. Rundfunk und Fernsehen

(1) Das Recht bzw. die Möglichkeit, im öffentlich-rechtlichen Rundfunk Verkündigungssendungen zu gestalten, muss von der Kirche aktiv in hörer- und zuschauergerechter Form wahrgenommen werden. Der Begrenzung dieser Möglichkeit ist entgegenzutreten.

(2) Durch die Mitwirkung in Rundfunkbeiräten sollen Vertreterinnen und Vertreter der Kirche deren Auftrag wahrnehmen.

(3) Gegenüber den privatrechtlichen Rundfunksendern soll die Kirche Rahmenbedingungen entwickeln bzw. sichern, damit für Verkündigungssendungen Sendezeit bereitgestellt wird.

(4) Die Kirche soll die Ergebnisse der Medienforschung für ihre Sendungen nutzen.

6. Kirchliche Beauftragte

Kirchliche Beauftragte sollen zu den Redaktionen von Presse, Funk und Fernsehen intensive Kontakte pflegen und sie aus erster Hand über kirchliche Themen informieren.

7. Internet und Multimedia

Für das Internet und den Multimediabereich sollen qualifizierte Angebote entwickelt, gefördert und koordiniert werden. Entsprechende Beratungs- und Fortbildungsangebote sind bereitzustellen und zu nutzen.

8. Qualifizierung von Mitarbeitenden

Der Öffentlichkeitsaspekt kirchlichen Handelns und gemeindlichen Lebens muss vor allem den Mitarbeiterinnen und Mitarbeitern vermittelt werden. Dazu müssen Fortbildungen und Materialhilfen angeboten werden.

Kirchenleitungen müssen dafür sorgen, dass in allen Tätigkeitsbereichen der Öffentlichkeitsarbeit qualifizierte Mitarbeiterinnen und Mitarbeiter zur Verfügung stehen.

Glossar

Zur besseren Lesbarkeit ist im Text jeweils nur eine Variante für die Bezeichnung kirchlicher Ämter und Funktionen ausgeschrieben worden.

Im Folgenden stehen die Begriffe:

- Pfarrerin/Pfarrer auch für Pastorin bzw. Pastor
- Superintendentin/Superintendent auch für Pröpstin/Propst; Dekanin/Dekan
- Pfarrkonvent auch für Pastorenkonvent
- Kirchenvorstand auch für Gemeindekirchenrat, Kirchgemeinderat
- Kirchenkreisvorstand auch für Dekanatsausschuss, Propsteivorstand, Kirchenbezirksvorstand
- Kirchenkreis auch für Propstei, Dekanatsbezirk, Kirchenbezirk

Abkürzungsverzeichnis

ACK	Arbeitsgemeinschaft Christlicher Kirchen
DNK / LWB	Deutsches Nationalkomitee des Lutherischen Weltbundes
EKD	Evangelische Kirche in Deutschland
EKU	Evangelische Kirche der Union
ELKB	Evangelisch-Lutherische Kirche in Bayern
KED	Kirchlicher Entwicklungsdienst
LWB	Lutherischer Weltbund
CVJM	Christlicher Verein junger Menschen
ÖRK	Ökumenischer Rat der Kirchen
RS	Rechtssammlung der Evangelisch-Lutherischen Kirche in Bayern
VELKD	Vereinigte Evangelisch-Lutherische Kirche Deutschlands

Anlagen für die Evangelisch-Lutherische Kirche in Bayern:

Anlage 1

Kirchengesetz zur Anwendung der Leitlinien kirchlichen Lebens der Vereinigten Evangelisch-Lutherischen Kirche Deutschlands

Die Landessynode hat das folgende Kirchengesetz beschlossen, das hiermit verkündet wird:

I. Abschnitt: Kirchliche Amtshandlungen

§ 1 Verlust der kirchlichen Rechte

Mit dem Kirchenaustritt gehen die kirchlichen Rechte im Sinne von C 1 Nr. 3 der Leitlinien kirchlichen Lebens verloren.

§ 2 Aufschiebung der Taufe

(1) Unter den in A 2 Nr. 8 Ziff. 1 und 2 der Leitlinien kirchlichen Lebens genannten Voraussetzungen ist die Taufe aufzuschieben.

(2) Religionsunmündige Kinder, deren Eltern bzw. Sorgeberechtigte nicht der evangelischen Kirche angehören, können nur getauft werden, wenn die Eltern bzw. die Sorgeberechtigten damit einverstanden sind und mindestens ein evangelischer Pate bzw. eine evangelische Patin oder andere Gemeindemitglieder bereit sind, die Mitverantwortung für die evangelische Erziehung des Kindes zu übernehmen.

§ 3 Patenamt

(1) Der Pate oder die Patin soll der evangelischen Kirche angehören. Das Patenamt kann auch von einer Person wahrgenommen werden, die Angehörige einer Mitgliedskirche der Arbeitsgemeinschaft christlicher Kirchen ist.

(2) In das Patenamt eines anderen kann niemand eintreten. Ein übernommenes Patenamt kann nicht aberkannt werden.

(3) Das Patenamt ruht, wenn der Pate oder die Patin aus der Kirche austritt. Paten bzw. Patinnen können auf eigenen Wunsch aus vertretbaren Gründen von ihrem Amt entbunden werden. Dies ist durch einen Nachtrag im Kirchenbuch zu vermerken.

(4) Wenn ein Pate oder eine Patin nicht oder nicht mehr vorhanden ist, sorgen Eltern bzw. Sorgeberechtigte und Pfarramt dafür, dass die

Aufgaben des Patenamtes dennoch wahrgenommen werden. Dazu ist die Bestellung einer geeigneten Person möglich. Sie ist in das Kirchenbuch einzutragen.

§ 4 Zurückstellung von der Konfirmation

Ein Kind kann von der Konfirmation zurückgestellt werden, wenn die in B 1 Nr. 10 Ziff. 2 der Leitlinien kirchlichen Lebens genannten Voraussetzungen nicht vorliegen.

§ 5 Kirchliche Trauung

(1) Eine kirchliche Trauung ist zu versagen, wenn die in B 2 Nr. 2 der Leitlinien kirchlichen Lebens genannten Voraussetzungen nicht vorliegen.

(2) Gehört einer von beiden Ehepartnern einer nichtchristlichen Religionsgemeinschaft oder einer Sekte an oder ist religionslos, ist eine kirchliche Trauung in der Regel nicht möglich. Stattdessen soll ein Gottesdienst anlässlich der Eheschließung gefeiert werden.

(3) Ist einer der beiden Ehepartner getauft, gehört aber keiner christlichen Kirche an, kann das Brautpaar im Ausnahmefall kirchlich getraut werden.

(4) Geschiedene können unter den Voraussetzungen von B 2 Nr. 5 der Leitlinien kirchlichen Lebens kirchlich getraut werden.

§ 6 Versagung der kirchlichen Bestattung

(1) Die kirchliche Bestattung setzt grundsätzlich voraus, dass der oder die Verstorbene zum Zeitpunkt des Ablebens der evangelischen Kirche angehört hat.

(2) Verstorbene, die einer anderen christlichen Kirche als der evangelischen angehört haben, können in Ausnahmefällen kirchlich bestattet werden. Das Gleiche gilt für Verstorbene, die keiner christlichen Kirche angehört haben, wenn die Voraussetzungen von B 3 Nr. 4 Ziff. 5 der Leitlinien kirchlichen Lebens vorliegen.

§ 7 Tauf-, Konfirmations- und Trausprüche

Bei jeder Taufe, Konfirmation und Trauung wird ein Bibelspruch vergeben.

II. Abschnitt: Verfahren

§ 8 Zuständigkeit bei Taufe, Konfirmation und Bestattung

(1) Über die Aufschiebung der Taufe (§ 2) entscheidet der Pfarrer bzw. die Pfarrerin. Der Kirchenvorstand ist vorher zu hören.

(2) Über die Zurückstellung von der Konfirmation (§ 4) entscheidet der Pfarrer bzw. die Pfarrerin im Benehmen mit dem Kirchenvorstand. Der Konfirmand bzw. die Konfirmandin und die Eltern bzw. Sorgeberechtigten sind vorher zu hören.

(3) Über die Gewährung oder Versagung der kirchlichen Bestattung (§ 6) entscheidet der Pfarrer bzw. die Pfarrerin. Er bzw. sie soll Mitglieder des Kirchenvorstandes vorher dazu hören.

§ 9 Zuständigkeit bei Trauungen

(1) Die Entscheidung über die Gewährung oder die Versagung der kirchlichen Trauung (§ 5) trifft der Pfarrer bzw. die Pfarrerin, der bzw. die die Trauung vornehmen soll. Er bzw. sie kann vor seiner bzw. ihrer Entscheidung Mitglieder des Kirchenvorstandes dazu hören.

(2) Das Nähere über das Verfahren wird durch Verordnung geregelt.

§ 10 Zuständigkeit bei Trauung von Theologen und Theologinnen nach § 5

Der Landeskirchenrat entscheidet über die Gewährung oder die Versagung der kirchlichen Trauung (§ 5) eines Theologen oder einer Theologin im Dienst der Evangelisch-Lutherischen Kirche in Bayern. Vorher führt dieser bzw. diese ein Gespräch mit dem zuständigen Oberkirchenrat bzw. der zuständigen Oberkirchenrätin im Kirchenkreis und legt der trauende Pfarrer bzw. die trauende Pfarrerin dem Landeskirchenrat eine schriftliche Stellungnahme vor.

§ 11 Bekanntgabe der Entscheidung

Die Entscheidungen nach den §§ 8 bis 10 teilt der Pfarrer bzw. die Pfarrerin den Betroffenen im Gespräch mit. Ist ein solches Gespräch ausnahmsweise nicht möglich, ist ein schriftlicher Bescheid zu erteilen, der die wesentlichen Gründe enthält.

§ 12 Überprüfung der Entscheidung

(1) Die Betroffenen können nach der Bekanntgabe der Entscheidung
    (§ 11) die Überprüfung verlangen. Die Überprüfung ist von den
    Betroffenen selbst zu beantragen.
(2) Hält der Pfarrer bzw. die Pfarrerin in den Fällen der §§ 8 und 9 im
    Überprüfungsverfahren nach Anhörung des Kirchenvorstands an
    seiner bzw. ihrer Entscheidung fest, so ist den Betroffenen eine
    schriftliche Begründung zu geben.
(3) Zuständig zur weiteren Überprüfung ist
    a) bei Entscheidungen des Pfarrers bzw. der Pfarrerin in den Fäl-
       len der §§ 2, 4, 5 Abs.1 und § 6 der Dekan bzw. die Dekanin,
    b) bei Entscheidungen des Pfarrers bzw. der Pfarrerin und des De-
       kans bzw. der Dekanin in den Fällen des § 5 Abs. 2 bis 4 der
       Oberkirchenrat bzw. die Oberkirchenrätin im Kirchenkreis.
(4) Ist eine Entscheidung gemäß §§ 2, 4, 5 Abs. 1 und § 6 von dem
    Dekan bzw. der Dekanin in der Funktion als zuständiger Gemein-
    depfarrer bzw. zuständige Gemeindepfarrerin zu treffen, obliegt
    die Überprüfung dieser Entscheidung dem Oberkirchenrat bzw. der
    Oberkirchenrätin im Kirchenkreis.
(5) In den Fällen des § 10 überprüft der Landeskirchenrat seine Ent-
    scheidung.
(6) Die Entscheidung der überprüfenden Stelle ist unter Angabe der
    wesentlichen Gründe dem Betroffenen schriftlich mitzuteilen. Die
    Entscheidung ist endgültig.

III. Abschnitt: Schlussbestimmungen

§ 13 Pfarrverwalter und Pfarrverwalterinnen

Die in diesem Gesetz für Pfarrer bzw. Pfarrerinnen getroffenen Bestimmungen gelten auch für Pfarrverwalter bzw. Pfarrverwalterinnen.

§ 14 Durchführungsverordnungen und Ausführungsbestimmungen

Die zur Durchführung dieses Gesetzes erforderlichen Verordnungen
werden vom Landeskirchenrat mit Zustimmung des Landessynodal-
ausschusses erlassen, Ausführungsbestimmungen vom Landeskirchenrat.

§ 15 In-Kraft-Treten

Dieses Kirchengesetz tritt am 1. April 2005 in Kraft. Zugleich tritt das Kirchengesetz zur Anwendung der Ordnung des kirchlichen Lebens vom 18. Mai 1966 (KABl S. 150), zuletzt geändert durch Kirchengesetz vom 6. April 1981 (KABl S. 97), außer Kraft.

Anlage 2

Empfehlung der Landessynode zur Zulassung von Kindern zum Abendmahl vom November 2000

Die Landessynode hatte sich 1977 mit dem Thema »Abendmahl in Gottesdienst und Gemeindeaufbau« befasst und gewünscht, dass die Freude am Abendmahl zur häufigeren Feier und Teilnahme führt.
Dies ist inzwischen in den meisten Gemeinden geschehen und hat eine geistliche Vertiefung des Gemeindelebens bewirkt. Viele Kirchenvorstände haben sich im Zug dieser Entwicklung entschlossen, getaufte Kinder bereits vor der Konfirmation zum Abendmahl zuzulassen. Sie haben damit positive Erfahrungen gemacht.
Die Landessynode hat sich darum auf ihrer Herbsttagung 2000 in Rothenburg o.d.T. speziell mit der Frage der Zulassung von Kindern zur Feier des Heiligen Abendmahls befasst.

Sie begrüßt die geschilderte Entwicklung und empfiehlt den Gemeinden und Kirchenvorständen das Abendmahl für Kinder zu öffnen.
Es sind theologische, pädagogische, psychologische und pastoraltheologische Gründe, die uns zu dieser Empfehlung geführt haben:
Der biblische Befund und die lutherischen Bekenntnisschriften geben kein Zulassungsalter für die Teilnahme am Abendmahl an. In den westlichen Kirchen wurde erst ab dem 13. Jahrhundert eine spätere Zulassung von Kindern eingeführt, um das Verständnis für den Sinn dieses Sakraments zu gewährleisten. Dies sollte nach Luther durch den Katechismusunterricht geschehen. Kinder wurden nach der Reformation in der Regel ab 10 Jahren nach vorausgegangener Prüfung zum Abendmahl zugelassen. Nach heutigem Erkenntnisstand können wir sagen:

- Die Taufe begründet die vollgültige Gliedschaft am Leib Christi. Der theologischen Entscheidung zur Säuglingstaufe entspricht eine generelle Zulassung der Getauften zum Abendmahl. Durch das Sakrament des Altars wird die Kirche als Leib Christi aufgebaut und gestärkt. Zu diesem Leib gehören die getauften Kinder, auch wenn ihnen dies rational nicht bewusst ist.

- Kinder lernen primär aus gemachten Erfahrungen und von Vorbildern, durch Fragen und Verstehen. Die Teilnahme am Abendmahl ist einübendes Erfahren und Lernen. Die Einladung zum Abendmahl »Schmeckt und seht, wie freundlich der Herr ist« zielt auf die affektive Dimension des Lernens. Dem gegenüber erscheint es fraglich, ob das Wesen des Abendmahls auf rein kognitivem Weg überhaupt zu erfassen ist, handelt es sich im Abendmahl doch um die aus menschlichem Denkvermögen heraus nicht zu fassende Gegenwart Christi im Heiligen Geist. Die Zulassung der Kinder zum Abendmahl ist daher ein guter Weg, den Wechselprozess von Erleben und Begreifen in Gang zu setzen.

- Psychologisch gesehen ist die Bindung der Zulassung an die Konfirmation problematisch. Das Alter, in dem Jugendliche auf Distanz zu traditionellen Formen und Institutionen gehen, ist schlecht geeignet, um sie an das Ritual des Heiligen Abendmahls heranzuführen. Gefordert ist ein sensibler Umgang mit dem jungen Menschen. Um sie in motivierender, erlebnisbetonter Weise an das Geheimnis und das Ritual des Heiligen Abendmahl heranzuführen. Es kann sich dabei als vorteilhaft erweisen, wenn schon positive Erfahrungen in der Kinderzeit gemacht wurden.

- Durch die Teilnahme am Abendmahl führen Eltern ihr Kind zum christlichen Glauben hin, wie sie es bei der Taufe versprochen haben. Dazu gehört in besonderer Weise die Erfahrung der Gemeinschaft am Tisch der Herrn. Auch die Zusage von Vergebung und Erlösung gewinnen in der Feier des Abendmahls ganzheitlich Gestalt.

Wir sind uns der Anfragen an eine solche Abendmahlspraxis bewusst, mit denen sich auch Kirchenvorstände vor einer Entscheidung auseinander zu setzen haben: Müssen Kinder nicht in geeigneter Weise auf das Abendmahl vorbereitet werden? Wird die Konfirmation nicht in ihrer Bedeutung als Zulassungsakt entwertet? Ist die Würde der

Abendmahlsfeier nicht durch die Teilnahme von Kindern gefährdet? Wir geben dazu folgende Anregungen:

• Die Vorbereitung der Kinder in den verschiedenen Altersstufen auf das Abendmahl ist eine zentrale Aufgabe von Eltern und Gemeinde. In vielen Gemeinden haben sich dazu z.b. Elternabende im Kindergarten, die Taufgespräche, der Kindergottesdienst und Kindergruppen sowie Kinderbibeltage bewährt. Die Zulassung von Kindern zum Abendmahl kann eine gleichzeitige Schwerpunktsetzung in der gemeindepädagogischen Arbeit zur Folge haben, die auf das Wesentliche des Glaubens führt.

• Eine sorgfältige Hinführung der Gemeinde und der Eltern mit Kindern zur Gestaltung der Abendmahlsfeier ist unumgänglich, um der Würde der Feier zu entsprechen. Allerdings sind auch Natürlichkeit, Fröhlichkeit und Ungezwungenheit von Kindern für die Feier des Abendmahls ein Gewinn.

• Die Bedeutung der Konfirmation muss unter einer vorgezogenen Abendmahlszulassung nicht leiden. Die Konfirmation kann andere Aspekte in den Vordergrund stellen, die für Jugendliche zu diesem Zeitpunkt wichtig sein können; z. B. die eigenständige Auseinandersetzung mit Glaubensfragen und das selbstständige Bekenntnis zum christlichen Glauben als Fundament des Lebens. Auch die Verleihung der Rechte als mündiges Gemeindeglied (Wahlrecht, Patenamt) sind in diesem Zusammenhang wichtig. Das eigene Bekenntnis wird durch die bereits erlebte Abendmahlsgemeinschaft gefördert.

Die Abendmahlspraxis einer Gemeinde liegt im Zuständigkeitsbereich des Kirchenvorstands. Darum bitten wir die Kirchenvorstände, sich mit diesen Fragen zu befassen und Entscheidungen herbeizuführen, dabei sollten sie berücksichtigen, dass eine solche Entscheidung aus inhaltlichen Gründen praktisch nicht rückgängig gemacht werden kann.

Der Landeskirchenrat wird gebeten, eine Handreichung zur Teilnahme von Kindern am Heiligen Abendmahl und zur Vorbereitung von Eltern erstellen zu lassen, die rechtlichen Verordnungen über die Zulassung von Kindern zum Abendmahl im Sinn dieser Empfehlung zu gestalten, d. h. insbesondere die Festlegung der Einladung von Kindern im

Einzelfall ab dem schulpflichtigen Alter aufzuheben und die ABest-
KVWG (RS 306 Nr. 6) anzupassen.

Anlage 3

Wort der Landessynode zum Thema »Jungsein und Kirche« vom 28. April 1999

Die Landessynode der Evangelisch-Lutherischen Kirche in Bayern hat
sich bei ihrer Tagung im Frühjahr 1999 mit dem Thema »Jungsein und
Kirche« befasst. Dabei lag ihr die »Erklärung für eine kinder- und ju-
gendfreundliche Kirche« als Beratungsvorlage der Landesjugendkam-
mer der Evangelischen Jugend in Bayern vor, die sie diesem Synoden-
wort beifügt.

Die Landessynode hält diese »Erklärung« für eine wichtige Basis und
befürwortet die Zielrichtung. Grundlegend dabei ist, dass die Evangelische Jugend in Bayern als »mündige und tätige Gemeinde Jesu Christi«
verstanden wird, die »das Evangelium von Jesus Christus den jungen
Menschen in ihrer Lebenswirklichkeit bezeugt« (entsprechend der Ordnung der Evangelischen Jugend Nr. 1 (1)).

Dies begründet Erwartungen der Evangelischen Jugend als Glied am
Leib Christi an die übrige Kirche, wie sie in der »Erklärung« formuliert sind. Umgekehrt begründet es die Erwartungen der übrigen Glieder am Leib Christi an die Evangelische Jugend, ihren Anteil an der
Aufgabe wahrzunehmen, das Evangelium weiterzugeben.

Aufgrund der Gespräche und inhaltlichen Diskussionen halten wir den
weiterführenden Dialog auf allen Ebenen und in allen Bereichen unserer Kirche – vor allem aber in den Kirchengemeinden vor Ort – in
konstruktiver und sensibler Weise für notwendig. Wir bitten die Kirchengemeinden und Dekanatsbezirke, Werke und Einrichtungen, ihn
nachhaltig zu führen.

Wir wollen in der Kirche

- die jungen Menschen in ihren Lebenswirklichkeiten mit ihren Fragen, Sehnsüchten und Ängsten ernst nehmen sowie Orientierung anbieten,
- glaubwürdige Gesprächspartner und Gesprächspartnerinnen sein,
- die Sichtweise Jugendlicher von Kirche offen und sensibel wahrnehmen (»Perspektivenwechsel«),
- den Weg unserer Kirche in Gegenwart und Zukunft gemeinsam als Glieder am Leib Christi gestalten,
- bei den unterschiedlichen Formen der Verkündigung des Evangeliums von Jesus Christus die Erfahrungen und Glaubensäußerungen junger Menschen aufnehmen und in den entsprechenden kirchlichen Handlungsfeldern (wie z. B. Gottesdienst, Religionsunterricht, Jugendarbeit, Konfirmandenarbeit, Erwachsenenbildung) angemessen darauf reagieren,
- den Wünschen und Vorstellungen von Kindern und Jugendlichen in unserer Kirche Platz einräumen und sie angemessen an kirchlichen Entscheidungen beteiligen,
- die vorhandenen Möglichkeiten der Mitbestimmung bekannt machen und zur Teilnahme ermutigen,
- Partei ergreifen für benachteiligte Kinder und Jugendliche.

Die Landessynode bittet nachdrücklich alle Kirchengemeinden und Dekanatsbezirke, Werke und Einrichtungen, die Situation vor Ort anhand der beigefügten Kriterien (siehe Erklärung Teil 2) zu überprüfen und daraus Konsequenzen zu ziehen.

Anlage 4

Familie – auch in Zukunft
Wort der Landessynode der Evangelisch-Lutherischen
Kirche in Bayern
vom 27. März 2000
– Auszüge –

...

Familie als Verwirklichung Generationen übergreifender Solidarität

Die Generationen übergreifende Solidarität und die Gleichberechtigung der Geschlechter sind für uns zentrale Bestandteile unseres Familienverständnisses. Familie so verstanden ist also überall dort, wo Eltern Verantwortung für ihre Kinder übernehmen und diese in Liebe und Verlässlichkeit aufwachsen können. Familie ist umgekehrt auch der Ort, an dem Kinder Verantwortung für ihre Eltern tragen. Mit der Übernahme der Elternschaft und der Annahme von Kindern als Gabe Gottes stellen sich viele Menschen dieser Aufgabe. Wir unterstützen alle Mütter und Väter in ihren Bemühungen, Kinder in einer gesicherten, verlässlichen und liebevollen Beziehung aufwachsen zu lassen, in der sie Vertrauen und Verantwortungsbewusstsein erleben und erlangen können. In dem Grundsatz der Generationen übergreifenden Verantwortung in der Familie wissen wir uns mit Menschen verschiedener Religionen und Kulturen verbunden. Dabei beziehen wir ausdrücklich auch die bei uns lebenden Ausländerfamilien mit ein.

• Menschenwürde und Würde der Familie

Die Würde der Familie ergibt sich daraus, dass sie der primäre Ort ist, an dem ihre Mitglieder die unveräußerliche Würde des Menschen als einmaliges und unverwechselbares, von Gott gewolltes und geliebtes Geschöpf erfahren können.

Darum gelten die Menschenrechte selbstverständlich und vordringlich auch innerhalb der Familie: insbesondere der Schutz des Lebens und die Ablehnung physischer und psychischer Gewalt. Lebensschutz beginnt bereits beim ungeborenen Leben, schließt ein familiäres Leben mit Behinderungen ebenso ein wie einen würdigen Umgang mit alten und gebrechlichen Familienmitgliedern am Ende ihres Lebens. Selbstverständlich schließt Menschenwürde die Gleichberechtigung von Mann und Frau mit ein.

Wir fühlen uns als Christen und Christinnen Gottes Geboten verpflichtet. Diese Gebote dienen dem menschlichen Zusammenleben.
Für gelingendes Zusammenleben in Familien gilt insbesondere das
4. Gebot (2 Mose 20,12), das als Einziges mit einer Verheißung endet: »Du sollst deinen Vater und deine Mutter ehren, auf dass dir's
wohl gehe und du lange lebest auf Erden« (Der kleine Katechismus
nach Martin Luther, Evangelisches Gesangbuch, S. 1554). Dieses
Gebot gilt lebenslang. Es konkretisiert sich in jeder Lebensphase
anders, in der Kindheit anders als in der Jugendzeit, in den mittleren
Lebensjahren anders als im hohen Alter. Immer weist es die Generationen aneinander und dient somit dem gelingenden Leben
miteinander. In der Familie, in dem Reichtum ihrer Formen, verwirklicht sich der Wille Gottes, dass es nicht gut ist, dass der Mensch
allein sei (1 Mose 2,18).
Freilich steht auch die Familie unter Jesu grundsätzlicher Aussage zu
allen institutionellen Formen des Zusammenlebens, dass nicht sie die
Güte des Lebens garantieren, sondern dass sie an der Verwirklichung
von Menschlichkeit zu messen sind (Mk 2,27). Als Christen und
Christinnen sind wir daher aufgerufen, die jeweilige Gestalt von Familie in Jesu Geist, im Geist der Nächstenliebe und Verantwortung,
zu gestalten.
Insofern bleibt die Würde der Familie auch im Wandel der Institution
erhalten. Diese Würde darf nicht zur Disposition stehen und nicht für
politische und ökonomische Zwecke vereinnahmt werden.

• **Familienformen und Familienleitbild**

Die Herausforderungen in der globalen multimedialen Gesellschaft
werden immer stärker. Lebenslanges Lernen, Zeitmanagement, Team-
fähigkeit und Flexibilität werden uns abverlangt. Ihre Begleiterschei-
nungen sind häufig Zeitdruck, Wegwerfmentalität, Konkurrenzden-
ken und Egozentrismus. Oft bleibt die Mitmenschlichkeit auf der Stre-
cke. Wie kann unter diesen Voraussetzungen ein verlässliches und
geordnetes Zusammenleben gelingen? Die Pluralisierung der Familienformen ist sicherlich eine Reaktion auf diese Frage. Auf unterschiedliche Weise können familiäre Aufgaben übernommen und verantwortlich gelebt werden. Wir denken dabei vor allem an allein erziehende
Frauen und Männer, aber auch an verbindliche Partnerschaften, an
Großeltern und Verwandte, die für ihre Angehörigen Verantwortung
wahrnehmen, und an diejenigen, die ältere oder behinderte Angehörige pflegen. Wo immer solches verantwortliches Zusammenleben prak-

tiziert wird, besteht Anspruch auf Schutz und Anerkennung durch die
Gesellschaft. Grund für unsere Orientierung am christlichen Leitbild
Ehe und Familie sind verlässliche Beziehungen zu Mutter und Vater.
Dieses Leitbild verwirklicht sich für uns am deutlichsten in dem von
Liebe und partnerschaftlicher Wertschätzung getragenen, geordneten
Zusammenleben von Mann und Frau, das Kindern Liebe und Gebor-
genheit bietet und damit ein Grundpfeiler der Familie ist.

• **Christliche Verantwortung für die Kinder**

Die Fürsorge für Kinder ist uns Christen und Christinnen besonders
ans Herz gelegt. Jesus Christus ruft die Kinder zu sich. Er sagt: Wer
ein solches Kind aufnimmt in meinem Namen, der nimmt mich auf
(Mt 18, 5). Gott selbst wendet sich uns Menschen zu und nimmt uns
bedingungslos und lebenslang in der Taufe an. Daraus erwächst unsere Verantwortung für christliche Sozialisation und Glaubensver-
mittlung; die Familie ist der primäre Ort dafür. Aus der Taufe und
dem Versprechen, die Kinder christlich zu erziehen, erwächst zugleich
die Aufgabe der Kirche, die Erziehenden bei dieser Aufgabe zu unterstützen. Darüber hinaus werden in der Familie die Fundamente
des gesellschaftlichen Miteinanders gelegt, sie bietet Beheimatung
und Schutz. Auch unter erschwerten Rahmenbedingungen gilt:
Die Familie hat für die Zukunft unserer Kirche und Gesellschaft große
Bedeutung, weil sie unser Gemeinwesen prägend mitgestaltet und nachhaltig sichert. Es darf nicht sein, dass familiäres Leben zum sozialen
Abstieg und zu gesellschaftlichen Nachteilen führt. Wir erwarten vielmehr von Politik und Gesellschaft, dass sie die Übernahme familiärer
Aufgaben als Bereicherung und Beitrag zur Zukunftssicherung aner-
kennen und honorieren. Wir selbst wollen uns daran messen lassen, ob
und inwieweit wir als Kirche den oben genannten Grundsätzen und
den nachfolgenden Anregungen und Forderungen (s. unten V.) gerecht
werden.

Anregungen und Forderungen

I Familie gestaltet die gemeinsame Zukunft unserer Gesellschaft

Familie ist eine lebensbejahende und persönlichkeitsbildende Gemein-
schaftsform für alle Schichten unserer Gesellschaft. In ihr können Erfahrungen gesammelt und Verhaltensweisen eingeübt werden, die für
jede menschliche Gemeinschaft unverzichtbar sind. Zu Recht stellt das

Grundgesetz (GG Art. 6) Ehe und Familie unter seinen besonderen
Schutz.

...

II Familie gestaltet die Zukunft unseres Sozialstaates

Familien leisten für den Fortbestand und die Sozialkultur unseres Gemeinwesens einen Beitrag von unschätzbarem Wert. Frauen und Männer, die sich entscheiden, eine Familie zu gründen oder Generationen
übergreifende familiäre Verantwortung zu übernehmen, sichern die Zukunft unseres Landes, unseres Sozialstaates.

...

III Familie gestaltet die Zukunft der Arbeits- und Lebenswelt

Die Familie ist im Leben der meisten Menschen der erste Ort, wo Zusammenleben erfahren wird. In ihr wird nicht nur der Grundstein für das
künftige Miteinander der Geschlechter und Generationen gelegt, sondern auch für die Gewichtung zwischen Erziehungs- und Erwerbsarbeit.
Insofern bestimmt die Familie über Arbeits- und Lebensbedingungen mit.
Darüber hinaus bereichert sie das nachbarschaftliche Verhältnis vor Ort.

...

IV Familie gestaltet die Zukunft von Bildung und Kommunikation

Offenheit und Achtung vor dem anderen, Zeit haben, Zuhören und sich
Zuwenden sind Fähigkeiten, die lebenswichtig sind. Diese Fähigkeiten
und Tugenden wie Treue, Verlässlichkeit und Toleranz können in der
Familie erlebt und erworben werden. Geborgenheit in der Familie, mit
der Möglichkeit des Neubeginns, schafft die nötige Stabilität, um mit
dem heutigen Anpassungsdruck und mit konsumorientierten Leitbildern
kritisch umgehen zu können. Die Familie führt in elementare Regeln des
gesellschaftlichen Zusammenlebens ein. Damit Familien diese in ihnen
ruhenden Möglichkeiten entfalten können, brauchen sie Unterstützung.

...

V Familie gestaltet die Zukunft unserer Kirche

Elementare Erfahrungen in der Familie sind oft ausschlaggebend dafür,
ob ein Mensch den Weg zum Glauben und zur Kirche findet. Die Familie kann so etwas sein wie die kleinste Form einer Gemeinde:»Wo
zwei oder drei versammelt sind in meinem Namen, da bin ich mitten
unter ihnen« (Mt 18, 20). So wird die Familie zum Ort der Erfahrung
für christlichen Glauben und christliches Leben. Kirchliche Angebote

können und sollen die Familie nicht ersetzen, sondern sie in ihren Möglichkeiten unterstützen.

Wir wenden uns an Kirche, Gemeinde und Diakonie

Wir wünschen von Kirche, Gemeinden und Diakonie, dass sie die **Familie noch mehr in den Mittelpunkt** ihres seelsorgerlichen Dienstes und ihrer Bildungs- und Beratungsarbeit rücken. Bei letzterer sind insbesondere präventive Maßnahmen gefordert. Ebenso wichtig ist die Vorbereitung auf die Elternrolle und die seelsorgerliche Begleitung von Mutter/Vater-Kind-Gruppen. Die Angebote von Kirche und Diakonie auf dem Feld der Familienarbeit sollten mehr mit denen der Kirchengemeinden vernetzt, die Familie in ihrer Lebenswirklichkeit stärker wahrgenommen werden. Diese Prioritätensetzung erfordert auch die Bereitstellung finanzieller Mittel.

Eine vernetzte, konzeptionell auf örtliche Bedürfnisse eingehende Familienarbeit muss zum integralen Bestandteil von Gemeinden, Werken, Diensten und Einrichtungen werden. Damit ist gemeint:

- Die Gemeinden sollten weiterhin **Hilfe leisten bei der religiösen Sozialisation** von Familien; sie sollten Eltern bei der christlichen Erziehung ihrer Kinder unterstützen. Das beginnt bereits bei der Vorbereitung auf die Taufe und setzt sich fort bis zur Konfirmation. Ein besonderes Augenmerk ist dabei auf Familien mit behinderten Kindern zu richten.
- Die Gemeinden sollen die Familien bei der **Bewältigung von Alltagsproblemen** unterstützen. Bei Krisen in den Familien ist in den Gemeinden Aufmerksamkeit, Seelsorge und Beratung gefragt.
- Für konfessionsverschiedene Familien sind verstärkt **ökumenische Seelsorge** und andere ökumenische Angebote anzubieten.
- Die Kirche muss weiterhin Maßnahmen und **Einrichtungen stützen, die Kindern und Jugendlichen, Senioren und Pflegebedürftigen zugute kommen.** Vor einem Rückzug aus diesen Arbeitsbereichen sind Möglichkeiten der Kooperation mit anderen Trägern (Staat, Kommune, Ökumene) zu prüfen.
- Angesichts der gesellschaftlichen Umbrüche gewinnt der Auftrag evangelischer **Tageseinrichtungen** für Kinder eine immer größer werdende Bedeutung: ganzheitliche, wertorientierte und familienunterstützende Erziehung, Bildung und Beratung werden dort geleistet. Sie sind Teil eines Netzwerks, das insbesondere die Klein- und Teilfamilie stützt.

- Gerade in der pluralistischen Gesellschaft ist die Entwicklung und Einübung christlicher Wertmaßstäbe, wie sie dem Konzept evangelischer **Schulen und Internate** zugrunde liegen, eine profilierte Ergänzung staatlicher Bildungsangebote.
- Die Kirchengemeinden sollten nicht nur ihre **Eltern-Kind-Arbeit** ausbauen, sondern diese auch stärker mit den anderen Angeboten der Gemeinde verknüpfen. Die Gemeinde braucht eine Vielfalt von Veranstaltungsformen, um der Vielfalt der Familienformen gerecht zu werden. Die Teilnahme am Gemeindeleben mag unterschiedlich intensiv sein, die Zusammengehörigkeit aller Gemeindeglieder bleibt davon unberührt. Durch Vernetzung wird vermieden, dass sich Familien, allein Erziehende oder Singles jeweils in eine randständige Rolle innerhalb des Gemeindelebens gedrängt fühlen.
- Die **Beratungsdienste** für Familien in Krisen und Notsituationen dürfen nicht ausgedünnt werden.
- Jugend- und Altenarbeit sind auch als Teil der Familienarbeit zu begreifen und als solche inhaltlich stärker auf das Miteinander der Generationen zu konzentrieren: Gerade wenn eine Gemeinde bewusst Zielgruppen ins Auge fasst (z. B. Kinder, Jugendliche, Senioren), sollte sie das Augenmerk besonders auf Familien richten und solche Veranstaltungen verstärken, bei denen **Begegnungen über die Generationen hinweg** ermöglicht werden. Gemeindefeste, wie sie fast überall begangen werden, können ausgebaut werden und Anstoß zu weiteren Begegnungen geben. Wir erinnern an die Anregungen aus dem Wettbewerb: »Kinder- und familienfreundliche Gemeinden« (1995).

Nicht zuletzt sind **Kirche und Diakonie auch als Arbeitgeberinnen** gefragt. Jede ihrer Äußerungen wird daran gemessen, wie sie selbst im Vollzug Familien-, Erwerbs- und ehrenamtliche Arbeit gewichten. Sie übernehmen hier eine gesellschaftspolitische Verantwortung, die weit über die Grenzen der verfassten Kirche hinaus wirkt. Flexible Arbeitszeitgestaltung, Stellenteilung, Aufstiegschancen auch für Teilzeitbeschäftigte sind bereits eingeführt, müssen aber noch weiter ausgebaut werden, um familiengerechte Rahmenbedingungen zu schaffen. Familie braucht solche Rahmenbedingungen, damit Kinder zusammen mit ihren Eltern im Grundgefühl von Geborgenheit, Sicherheit, Vertrauen und Verlässlichkeit gemeinsam leben können. Familie vermag einer weiteren Vereinzelung in der Gesellschaft entgegenzuwirken. Sie ist ein Zukunftsmodell, weil sie die Chance bietet, gemeinschaftsfähig vor Gott und den Menschen Leben in Staat,

Kirche und Gesellschaft zu gestalten und Verantwortung zu übernehmen.

…

Anlage 5

Stellungnahme der Landessynode zu Fragen der Homosexualität, zur Frage möglicher Schlussfolgerungen aus der staatlichen Gesetzgebung (Lebenspartnerschaftsgesetz) und der Segnung von eingetragenen Lebenspartnerschaften vom 27. November 2003

In den letzten Jahren ist eine Reihe von Anträgen und Eingaben bei der Landessynode eingegangen, die um Stellungnahmen der Landessynode bitten **zu Fragen der Homosexualität, zur Frage möglicher Schlussfolgerungen aus der staatlichen Gesetzgebung (Lebenspartnerschaftsgesetz) und der Segnung von eingetragenen Lebenspartnerschaften.** Auf der Frühjahrssynode in Landshut 2001 hat die Landessynode einen Ausschuss eingesetzt, der sich mit den anstehenden Problemen und Fragen ausführlich beschäftigt hat. Herr OKR Hofmann hat auf der Frühjahrssynode 2003 in Würzburg und der Herbstsynode 2003 in Bad Reichenhall über die Arbeit des Ausschusses berichtet.

Die Landessynode der Evangelisch-Lutherischen Kirche in Bayern ist dankbar für die vielen Eingaben und Anträge. Ihre Anzahl und die zum Teil breiten inhaltlichen Ausführungen zeigen ein bemerkenswertes Interesse an der Diskussion und der synodalen Entscheidung zu dieser Thematik, den großen Ernst und das theologische Engagement der beteiligten Institutionen und Personen.

1. Wahrnehmung und Achtung der Unterschiede

Aus den Anträgen und Eingaben gehen erhebliche Unterschiede und zum Teil gegensätzliche Standpunkte in der theologischen Beurteilung gleichgeschlechtlicher sexueller Orientierung bzw. gleichgeschlechtlicher Partnerschaften und des darauf bezogenen kirchlichen Handelns hervor. Wir nehmen diese Unterschiede wahr, achten sie und stellen fest, dass auch in unserer Synode ähnliche Meinungsunterschiede bestehen.

Das Bild gleicht in mancherlei Hinsicht der Diskussionslage, die schon bei den Verhandlungen zum Thema auf der Landessynode in Fürth 1993 bestand und dort am Ende zu einem für nahezu alle Positionen tragbaren Kompromiss geführt hatte. Dieser – für manche durchaus auch schmerzliche – Konsens sollte gegenwärtig weder in der einen noch in der anderen Richtung verändert werden. Wir haben uns darum entschieden, der Empfehlung des Ausschusses zu folgen und in der Sache keine neuen Beschlüsse gefasst.

Die Fürther Erklärung ermöglicht es den Pfarrerinnen und Pfarrern bzw. den Kirchenvorständen, im Rahmen der seelsorgerlichen Begleitung entsprechend ihres eigenen theologischen Gewissens unterschiedlich mit der Frage der Segnung von Menschen in gleichgeschlechtlichen Partnerschaften umzugehen. Es heißt dort: »Eine solche seelsorgerliche Begleitung von homosexuell lebenden Menschen ist eine Aufgabe der Kirche. Dabei halten die einen von uns im individuellseelsorgerlichen Bereich eine segnende Begleitung homophiler Menschen in ihrer Partnerschaft für möglich. Die anderen sehen sich dazu nicht in der Lage, weil sie von ihrem Verständnis der Heiligen Schrift hierfür keinen Auftrag erkennen. Eine gottesdienstliche Segenshandlung (Trauung) für homophile Partnerschaften halten wir nicht für möglich.« Diese unterschiedliche seelsorgerliche Praxis bedarf des gegenseitigen Vertrauens und der gegenseitigen Achtung; dabei darf keiner dem anderen unterstellen, mit seinen Handlungen oder mit der Ablehnung solcher die gemeinsame Grundlage von Schrift und Bekenntnis verlassen zu haben.

Die Synode begrüßt die Erarbeitung einer Handreichung zu folgenden Inhalten:
1. Grundlegende Texte, wie die Fürther Erklärung, die EKD-Denkschrift »Mit Spannungen leben«, das Familienpapier unserer Synode sowie Gesetzestexte und -kommentare in Auszügen.
2. Thematische Klärungen zu den Themen Bibelverständnis, Segen, seelsorgerliche Begleitung, liturgisches Handeln.
3. Im dienstrechtlichen Bereich sollen durch die Personalabteilung Verfahrenswege beim Einsatz von Mitarbeitenden, die in gleichgeschlechtlichen Partnerschaften leben wollen, beschrieben werden. Stichworte

hierfür liefert die Orientierungshilfe der EKD vom 11. September 2002.
Der Landeskirchenrat wird gebeten, die Handreichung im Einverneh-
men mit dem Landessynodalausschuss im nächsten Jahr zu veröffent-
lichen.

2. Gegenseitige Achtung unterschiedlicher Bibelinterpretationen

Die in den Eingaben und Anträgen erkennbaren theologischen Unterschiede ergeben sich vor allem aus der differierenden Einschätzung
der einschlägigen biblischen Texte. Zum grundsätzlichen Problem unterschiedlicher Bibelauslegungen hat die Herbstsynode der EKD (Trier
2003) in ihrer »Kundgebung zum Schwerpunktthema: Bibel im kulturellen Gedächtnis« hilfreiche und weiterführende Aussagen gemacht.
Einige Formulierungen lassen sich auf die zur Debatte stehenden Probleme anwenden.

So wird etwa gesagt, dass sich die Auslegung der Bibel »in intellektu-
eller Auseinandersetzung und im sachlichen Streit um das Verstehen
vollzieht ... Dieser sachliche Streit ist notwendig. Er ist Ausdruck der
vielfältigen Verstehensmöglichkeiten der Bibel. Die Bibel ruft nicht
zu einer Einheitsinterpretation auf, sondern zum Wettstreit um die Wahrheit, die uns in ihren Texten begegnet.« Die Kundgebung der EKD-
Synode formuliert weiter: »Die Bibel sperrt sich gegen eine Auslegung, die die Mehrdimensionalität ihrer Texte einer religiösen Recht-
haberei oder einem theologischen Fundamentalismus opfert. Ohne
Neugier, ohne genaues Hinhören und ohne intensives Bemühen wird
das Buch der Bücher immer nur bestätigen, was die Leser selbst schon
gewusst hatten.«

Solange wir in der theologischen Einschätzung gleichgeschlechtlicher
sexueller Orientierung und der kirchlichen Begleitung unterschiedlicher Meinung sind, bedürfen wir dringend der gegenseitigen *Achtung*
unterschiedlicher Bibellektüren und Glaubensstandpunkte. Angesichts
dieser Unterschiede erinnern wir uns daran, was der Apostel Paulus
der Gemeinde in Rom schrieb:

*»Darum nehmt einander an, gleichwie Christus euch angenommen
hat zur Ehre Gottes des Vaters« (Römer 15,7).*

Wir erinnern ebenso daran, dass der Fürther Beschluss sich gerade auch
gegen die Diskriminierung von Menschen mit einer gleichgeschlecht-

lichen sexuellen Orientierung in Gesellschaft und Kirche gewendet hat. Diese Haltung kann Menschen, die in der Kirche tätig sind, nicht ausschließen.

Anlage 6

Empfehlungen der Landessynode zur Werbung im kirchlichen Bereich (1998)

Angesichts eingeschränkter Eigenmittel haben Kirchengemeinden zur Finanzierung von Renovierungen zusätzliche Einnahmen aus kommerzieller Werbung an Sakralbauten genutzt. Öffentliche Kontroversen darüber zeigten, dass Ort und Art der Werbung religiöse Gefühle irritiert haben.

Die Landessynode weist darauf hin, dass die Glaubwürdigkeit kirchlicher Institutionen an ihrem öffentlichen Erscheinungsbild gemessen wird. Dies berührt auch den Einsatz von Werbung im kirchlichen Bereich.

Deshalb spricht die Landessynode *Empfehlungen* aus, die Kirchenvorständen zu einer reflektierten, theologisch verantworteten und sozial verträglichen Entscheidung helfen sollen.

Grundsätzlich sollte bedacht werden:

- Wer Werbung einsetzt, lässt sich mit ihrer Botschaft identifizieren. Im kirchlichen Bereich ist danach zu fragen, wie sich die Botschaft der Werbung mit der christlichen Botschaft verträgt.
- Durchaus sinnvoll ist gelungene Werbung in eigener Sache (z. B. für Gottesdienste, Aktion Brot für die Welt) oder für Organisationen, deren ethische Ziele kirchlichen und diakonischen Leitbildern entsprechen (z.B. amnesty international, Welthungerhilfe).
- Kommerzielle Werbung erfordert eine besonders sensible Auseinandersetzung mit Zielen und Inhalten sowie ihrer Gestaltung.
- Der sorgfältigen Prüfung der Werbebotschaft und -ästhetik ist Vorrang einzuräumen vor dem Wunsch nach günstigen Finanzierungsmöglichkeiten. Jedenfalls muss gewährleistet sein, dass die Werbung christlichen Ansprüchen genügt und sozial- wie gemeindeverträglich ist. Vor dem Einsatz kommerzieller Werbung sind

nochmals Notwendigkeit und Stellenwert der Vorhaben zu klären,
die auf diese Weise mitfinanziert werden sollen.

Zum **Ort der Werbung** sollte bedacht werden:

• Werbung in Gemeindebriefen, an kirchlichen Fahrzeugen und ver-
gleichbaren Objekten ist seit langem üblich und akzeptiert. Auch
sie sollte o. g. Kriterien standhalten.
• Wegen des hohen Symbolgehalts und der weitgehenden Öffentlich-
keitswirksamkeit von sakralen Gebäuden erscheint Werbung dort
besonders problematisch. Es ist daran zu erinnern, dass
  – sakrale Gebäude eine spirituelle Dimension, einen geistlichen Ge-
  halt haben,
  – sakrale Gebäude dem gottesdienstlichen Zweck gewidmet sind
  und jede weitere Nutzung damit vereinbar sein muss,
  – sakrale Gebäude nach innen und nach außen Orte besonderer Zuwendung Gottes markieren und symbolisieren,
  – der Umgang einer Kirchengemeinde mit ihren sakralen Gebäuden Schlüsse auf ihr Selbstverständnis erlaubt.
• Deshalb sind kommerzielle Werbemaßnahmen an sakralen Gebäuden grundsätzlich nicht empfehlenswert. Kirchenvorstände sollten
auf jeden Fall bei ihrer Beschlussfassung die oben genannten Kriterien beachten.

Anlage 7

Unsere weltweite Verantwortung
Regensburger Erklärung der Landessynode (1995)
– Auszüge –

Kirchliche Partnerschaft

*Denn wie wir an einem Leib viele Glieder haben, aber nicht alle Glie-
der dieselbe Aufgabe haben, so sind wir viele ein Leib in Christus, aber
untereinander ist einer des anderen Glied (Röm 12,4 und 5).*
...

Kirche Jesu Christi ist erfahrene und erlebte Gemeinschaft vor Ort und
universale Gemeinschaft mit allen Christinnen und Christen zu allen

Zeiten und an allen Orten. In Christus sind wir in der Gemeinschaft des Glaubens, der Liebe und der Hoffnung miteinander verbunden. Stellvertretend und exemplarisch pflegt unsere Landeskirche seit langem Partnerschaften mit den Evang.-Luth. Kirchen in Papua Neuguinea, Tansania und Brasilien, mit der Evang.-Luth. Kirche in Mecklenburg, mit der Evang.-Luth. Kirche in Ungarn und jetzt auch mit dem Zusammenschluss der Evang.-Luth. Kirchen in Mittelamerika (CILCA). Für diese Partnerschaften sind wir dankbar.

Verbunden in der Gemeinschaft des Glaubens verstehen wir unsere Partnerschaft als eine Erfahrungs- und Lerngemeinschaft. In der Begegnung unserer Kirchen erkennen wir, wie die befreiende Kraft des Evangeliums in den verschiedenen Kulturen und Situationen wirksam ist. Partnerschaft bedeutet, diese Erfahrungen miteinander zu teilen. ...

In der Begegnung unserer Kirchen nehmen wir auch die Sorgen, Ratlosigkeiten und Gefährdungen wahr, die uns in den verschiedenen Kontexten bedrücken und bedrohen. Partnerschaft bedeutet, auch diese Erfahrungen miteinander zu teilen und einander darin zu begleiten und zu beraten. ... Gegenseitige Information und Erfahrungsaustausch, Begegnungen, wechselseitige Besuche, spezifische Partnerschaften auf der Ebene der Gemeinden, der Dekanate und Kirchenkreise, gemeinsame Projekte und Mitarbeit in der je anderen Kirche tragen dazu wesentlich bei.

Verbunden in der Gemeinschaft der Liebe verstehen wir unsere Partnerschaft als eine Verantwortungs- und Solidargemeinschaft. Gemeinsam sind unsere Kirchen in die Verantwortung füreinander und für die Welt gestellt. ... Die Verantwortung teilen bedeutet nicht, einander die Verantwortung abzunehmen oder die Verantwortung zuzuschieben. Mit unseren Partnerkirchen wollen wir gleichberechtigte Beziehungen erhalten und vertiefen, in denen jede Kirche ihre Verantwortung wahrnimmt und die Kirchen sich gegenseitig in ihrer Verantwortung stärken, einander helfen und gemeinsam nach Wegen suchen. Darum heißt Partnerschaft, einander an den eigenen Gaben teilhaben zu lassen. Für unsere Kirche bedeutet dies auch, dass wir in einer Zeit, in der die finanziellen Mittel enger werden, nicht an denen sparen wollen, die unserer Hilfe bedürfen.

Verbunden in der Gemeinschaft der Hoffnung verstehen wir unsere Partnerschaft als eine Zeugnis-, Dienst- und Weggemeinschaft. In Jesus Christus hat sich Gott uns barmherzig zugewandt und mitten in der Zeit

einen neuen Anfang eröffnet. Das ist die Verheißung, die Kirche ver-
künden darf, die ihr Grund und Hoffnung gibt. In der Gemeinschaft
der Kirchen, im Dialog mit unseren Partnerkirchen bedürfen wir
einander, um uns gegenseitig zu befragen, wo wir der Macht des »Alten« mehr als dieser neuen Wirklichkeit Gottes vertrauen. Wir bedürfen einander, um uns auf diesem Weg gegenseitig in der Zuversicht,
Geduld und Hoffnung des Glaubens zu bestärken, einer Hoffnung, die
mitten in der Ohnmacht auf die Macht der Liebe vertraut, sich bei keinem Unrecht beruhigt und unermüdlich für das Leben, den Frieden und
die Gerechtigkeit schon jetzt eintritt.

Weltweite Verantwortung

Gerechtigkeit erhöht ein Volk; aber die Sünde ist der Leute Verderben
(Sprüche 14,14).
...

Wir können in dieser Welt, in der das Neue in Christus erst seinen Anfang nimmt, keine »heile Welt« schaffen, aber der befreiende Zuspruch
Gottes in Jesus Christus stellt uns unter den Anspruch, in allen Bereichen ein Leben in der Verantwortung des Glaubens und der Liebe zu
führen. ...
Wir konnen uns der Einsicht nicht verschließen, dass unsere Welt eine
Welt ist. Die wissenschaftliche und technische Entwicklung lässt Grenzen und Entfernungen rasch überwinden. ... Politische, wirtschaftliche,
soziale, ökologische und kulturelle Vernetzungen und Abhängigkeiten
sind entstanden. ...
Wir sehen, dass diese eine Welt eine Welt der Ungleichheit, eine Welt
einseitiger Machtverteilung, eine Welt voller Ungerechtigkeiten ist: Die
einen leben in gesichertem Wohlstand, die anderen in Armut und Not.
... Trotz vielfältiger Bemühungen in der Entwicklungspolitik droht die
Schere immer weiter auseinander zu gehen.
...

Als Christen und Christinnen können und wollen wir uns mit dieser Gefährdung der Welt, dem Unrecht und Elend in dieser Welt, den Kriegen
und dem Leiden der betroffenen Menschen und der Kreatur nicht abfin-
den. Sie widersprechen Gottes Schöpferwillen und seinem Befreiungs-
und Versöhnungshandeln. Sie widersprechen auch aller Vernunft, die nicht
nur kurzfristig auf ihren privaten Gewinn schaut, sondern erkennt, dass es
langfristig im wohlverstandenen eigenen Interesse ist, die Lebensgrundlagen aller zu bewahren, in Gerechtigkeit und Frieden zusammenzuleben.

Jeder Mensch in jedem Land dieser Erde hat ein Recht, dass bestimmte Mindestbedingungen seines Lebens gegeben sind und geschaffen
werden: ein Leben, das erlaubt, durch eigene Arbeit den täglichen Bedarf zu sichern, ein Leben, das in Achtung seiner Person und freier
Verantwortung für sich selbst in einer verlässlichen, durch das Recht
geschützten und an Gerechtigkeit orientierten Gemeinschaft geführt
werden kann. Das fordert uns heraus, gerade für die Armen, die Benachteiligten, die Schwachen einzutreten, damit ihnen gleiche Lebens-
chancen eröffnet werden.
Die Verantwortung in der einen Welt ist unteilbar. Jeder und jede ist
an seinem und ihrem Ort, im persönlichen Leben, in der Öffentlichkeit, national und international in die Verantwortung für eine Gestaltung der Welt gerufen, die an den Kriterien der Umwelt-, der Sozial-,
der Demokratie-, der Entwicklungs- und Generationenverträglichkeit
orientiert ist.

Unsere Verpflichtung

*Seid allezeit bereit zur Verantwortung vor jedermann, der von euch Re-
chenschaft fordert über die Hoffnung, die in euch ist (1 Petr 3,15).*
...

Viele Menschen wissen um die Notwendigkeit einer Umkehr. Sie sind
bereit, neue Wege zu gehen, sich den Zukunftsaufgaben zu stellen und
daraus Konsequenzen für ihr Leben zu ziehen. Die Universalität und
Komplexität der Probleme, das Fehlen eines tragfähigen national und
international anerkannten Konzeptes zur Bewältigung dieser Aufgaben
führt aber zu Ohnmachtserfahrungen. ...
Aufgabe der Kirche in ihrer öffentlichen und seelsorgerlichen Verantwortung ist es, die Hoffnung unseres Glaubens zu bezeugen. Wo wir
keine Wege und keine Zukunft sehen, da will Gott mit uns und unseres
Fußes Leuchte sein. Wo wir zu Gefangenen unserer Enttäuschungen
und unserer schlechten Erfahrungen werden, da eröffnet er neue Anfänge, schenkt er neuen Mut und Bereitschaft zum Engagement.

Von dieser Hoffnung getragen, kann und muss die Gemeinde Jesu aller
Verdrängung unserer weltweiten Verantwortung widerstehen. Vielmehr
hat sie alle Menschen und besonders die Verantwortlichen in Politik,
Wissenschaft und Wirtschaft daran zu erinnern, dass Wirtschaft und Staat,
national und international, dem Leben, der Gerechtigkeit und dem Frieden zu dienen haben. ...

Von dieser Hoffnung des Glaubens getragen, kann und muss Kirche dafür
eintreten, dass Schritte der Veränderung möglich sind und gegangen werden. Wir wissen, dass es keine einfachen Lösungen gibt. ...
Um der Bewahrung der Schöpfung, der Gerechtigkeit und des Friedens
willen bedarf es neuer nationaler und internationaler Rahmenordnun-
gen
 – in der Politik zum Schutz des Friedens, zur Begrenzung der Rüstung
   und des Waffenhandels, zur Überwindung des Krieges und der Stärkung demokratischer Strukturen und des Rechtes,
 – in der Wirtschaft zur ökologischen, sozialen und kulturellen Gestaltung des Marktes, zum Schutz der wirtschaftlich Schwächeren, für
   eine regionale Entwicklung, zum Abbau der Verschuldung, zu einem
   schonenden Umgang mit den Ressourcen und zur Entwicklung einer
   die Ressourcen bewahrenden (nachhaltigen) Wirtschaft, zur Verteilung und dem Teilen von Arbeit,
 – in Kultur, Forschung und technischer Entwicklung zum Schutz ge-
   wachsener geschichtlicher und kultureller Lebenszusammenhänge,
   vor Eingriffen in die Natur und das Leben, die in ihren Folgen unü-
   berschaubar sind, zur Indienstnahme der Forschung und Entwicklung für das Leben.
...

In der persönlichen Lebensführung sind wir nicht nur »Opfer« eines
Systems, das uns zum Mitmachen zwingt, sondern haben auch Hand-
lungsspielräume in unserer demokratischen Mitverantwortung in der
Politik, als Teilnehmer am Markt, die durch ihre Wünsche und Bedürfnisse über die Produkte und die Produktion mitentscheiden, in unserem
Freizeitverhalten, in unserer Bereitschaft, mit anderen zu teilen und zu
helfen. Hier sind wir gefragt nach unserem Lebensstil, unseren Vorstellungen eines gelingenden Lebens.

Als Kirchen und Christen sollen wir nicht nur bei anderen für die Bewahrung der Schöpfung, für Gerechtigkeit und Frieden werben, dazu
mahnen und raten, sondern sind in unserem Leben und Handeln selbst
gefragt. Wir haben die Verheißung, dass Gott mit uns sein will, wo wir
Schritte auf diesem Weg gehen. Das verpflichtet und befreit uns.

Anlage 8

Erklärung der Evangelisch-Lutherischen Kirche in Bayern zum Thema »Christen und Juden«
- Auszüge -

(verabschiedet durch den Landesbischof, den Landeskirchenrat, den Landesynodalausschuss und die Landessynode während der Herbstsynode 1998 in Nürnberg)

Präambel

Die Frage nach dem Verhältnis von Christen und Juden führt in die Mitte des christlichen Glaubens: der Glaube an den Gott Abrahams, Isaaks und Jakobs, den wir Christen als den Vater Jesu Christi bekennen, verbindet Christen und Juden ...

I. Der ... erreichte Konsens

1. Die gemeinsame Wurzel von Judentum und Christentum

Jüdischer Glaube und christlicher Glaube leben aus einer gemeinsamen biblischen Wurzel. Juden und Christen bekennen sich zu dem einen Gott, dem Schöpfer und Erlöser. Juden und Christen verstehen sich beide als Volk Gottes... Diese Gemeinsamkeiten haben Christen über Jahrhunderte hinweg vergessen und verleugnet, missdeutet und uminterpretiert. Auch deshalb konnte es zu den schrecklichen Verfolgungen und Ermordungen von jüdischen Menschen kommen, an denen Christen beteiligt waren, die von Christen ausgingen oder von Christen geduldet wurden. (Wir) ...haben... zu der für uns wichtigen Erkenntnis gefunden, dass wir einen Neuanfang machen müssen...

2. Bedeutung der Schoah

Der Weg zu einer Erneuerung des Verhältnisses von Christen und Juden muss notwendigerweise über die Erkenntnis der Mitschuld der Christen an der Verfolgung und Vernichtung von Kindern, Frauen und Männern jüdischer Herkunft (Schoah, Holocaust) führen. Die Schoah bedeutet eine tief greifende Herausforderung an christliche Lehre und Praxis. Sie gehört in die Wirkungsgeschichte einer Jahrhunderte alten antijüdischen Tradition, die auch ein gesamtchristliches Problem darstellt. Diese Tradition hat dazu beigetragen, den Verbrechen an den Juden im 20. Jahrhundert den Boden zu bereiten. Auch die ELKB hat als lutherische und als deutsche Kirche Anteil an dieser Schuld.

3. Luther und die Juden

Es ist für die lutherische Kirche, die sich... Martin Luther verpflichtet weiß, unerlässlich, auch seine antijüdischen Äußerungen wahrzunehmen... Sie hat sich von jedem Antijudaismus in lutherischer Theologie zu distanzieren...

4. Bleibende Verheißung für Israel als Gottesvolk

Judentum und Christentum sind unterschiedliche Wege gegangen und stellen trotz der gemeinsamen Wurzel zwei verschiedene Glaubensgemeinschaften dar. Dennoch bleibt Israel nach Aussagen des Neuen Testaments das erwählte Gottesvolk (Röm 11,1)...

5. Verantwortung der Christen gegenüber Juden

Bei Anerkenntnis der bleibenden Erwählung des jüdischen Volkes und der zentralen Bedeutung des christlich-jüdischen Verhältnisses wird Antijudaismus als dem innersten Wesen des christlichen Glaubens entgegengesetzt erkannt. Deshalb gehört es zu den ureigensten Aufgaben der Kirche, sich von jeglicher Judenfeindschaft loszusagen, ihr dort, wo sie sich regt, zu widerstehen und sich um ein Verhältnis zu Juden und zu jüdischer Religion zu bemühen, das von Respekt , Offenheit und Dialogbereitschaft geprägt ist.

II. Theologische Perspektiven

1. Volk Gottes
...

2.   Der Jude Jesus als der Christus der Kirche
...

3. Die Bedeutung des Alten Testaments in der Kirche

Das Alte Testament ist von Anfang an Heilige Schrift der Kirche gewesen. Das Neue Testament war nie gedacht als Gegensatz zum Alten

Testament. Es versteht sich als Auslegung des alttestamentlichen Gottes- und Menschenverständnisses im Lichte des Kommens Jesu Christi…

III. Themen der Weiterarbeit
…

1. Luther und Luthertum

Sowohl Aussagen Martin Luthers als auch bestimmte Ausprägungen lutherischer Theologie haben antijüdische Wirkungen hervorgerufen. Über die notwendige inhaltliche Distanzierung hinaus sind deren Ursachen, Motive und Wirkungsgeschichte zu erforschen und für eine künftige lutherische Theologie im Blick auf das christlich – jüdische Gespräch zu überdenken und zu kritisieren.

Entgegen der oft eingeübten Praxis muss jede pauschalisierende Gegenüberstellung von Judentum… oder wesentlichen Inhalten der jüdischen Religion… zu der christlichen Botschaft aufgegeben werden und einer sorgfältig differenzierenden Sichtweise weichen. Die lutherische Kirche muss es sich zur Aufgabe machen, religiöse Intoleranz innerhalb der Kirche wie auch in der Gesellschaft zu bekämpfen.

2. Die Evangelisch-Lutherische Kirche in Bayern im »Dritten Reich«

Die ELKB weiß sich… mitverantwortlich für das antijüdische Denken und Handeln, die es möglich gemacht oder zumindest toleriert haben, dass die Verbrechen des »Dritten Reiches« an den Kindern, Frauen und Männern jüdischer Herkunft möglich wurden. Obwohl es auch in der ELKB Einzelne gab, die dieses Problem erkannt hatten…, nahm die Kirche als Ganze die sog. Judenfrage nicht als theologisches Problem wahr. Die konkreten Verstrickungen, Unterlassungen und das Schweigen zum Völkermord an den Juden sind eingehender zu untersuchen.

3. Christliches Zeugnis

Der Auftrag, allen Menschen gegenüber die Botschaft vom Heil in Jesus Christus zu bezeugen, gehört zum Wesen der Kirche. Dabei kann die Kirche nicht darauf verzichten, das Zeugnis und Selbstverständnis des Judentums wahrzunehmen. Christen stehen heute vor der Aufgabe neu darüber nachzudenken, wie sie ihr Zeugnis, dass Jesus Christus

Heil für alle Menschen bedeutet, im Blick auf die Juden verstehen, wie sie es benennen und welche Gestalt sie ihm geben sollen.

4. Landverheißung und Staat Israel

Die biblische Überlieferung des verheißenen Landes ist ein tragendes Element der jüdischen Tradition... Christen unterstützen das Bestreben des jüdischen Volkes nach einer gesicherten Existenz in einem eigenen Staat. Zugleich sorgen sie sich um eine Friedenslösung im Nahen Osten, die die Rechte auch der Palästinenser und insbesondere der Christen unter ihnen einschließt und Frieden, Gerechtigkeit und Sicherheit für alle dort lebenden Menschen gewährleistet...

5. Gottesdienst und Unterricht

Christliche Lehre und Praxis teilen mit dem Judentum Grundelemente des biblischen Glaubens und des gottesdienstlichen Vollzugs. Trotzdem haben Christen allzu oft in Gottesdienst und christlicher Erziehung Sachverhalte der jüdischen Religion als Negativfolie benutzt, um von hier aus umso positiver christliches Selbstverständnis darzustellen. Es ist unsere Aufgabe, Gemeinsames und je Eigenes zu entdecken, das Trennende auf seine Gültigkeit hin zu überprüfen und darauf zu achten, dass entstellendes und diffamierendes Reden über Juden und Judentum in Gottesdienst und Unterricht unterbleibt.

IV. Konsequenzen

1. Gemeindeebene

Aufgaben und Ziele sind:
- Verkündigung und Unterricht so gestalten, dass sich jüdische Besucher und Besucherinnen dadurch nicht verletzt oder diskriminiert fühlen würden
- das Judentum als lebendige Religionsgemeinschaft wahrnehmen
- mit dem Alten Testament als integralen Bestandteil der christlichen Bibel leben
- Vorurteile und Ressentiments thematisieren und abbauen
- die Lokalgeschichte der Gemeinde aufmerksam betrachten
- liturgische Gestaltungen der Erinnerung durchführen (z. B. 10. Sonntag nach Trinitatis: Israel-Sonntag)
- inhaltliche Begegnungen vor Ort

2. Aus- und Fortbildung

…

3. Landeskirche

…

4. Ansprechpartner

Die im Bereich unserer Landeskirche für dieses Thema vorhandenen
Einrichtungen sollten für die weitere Arbeit genutzt werden…
Es sind dies auf unterschiedliche Weise:

* Der BCJ (Begegnung von Christen und Juden. Verein zur Förderung des christlich-jüdischen Gesprächs in der ELKB).
* Die Gesellschaften für christlich-jüdische Zusammenarbeit, die auf
  regionaler Ebene Formen partnerschaftlicher Zusammenarbeit praktizieren.
* Die israelitischen Kultusgemeinden, zu denen der Kontakt auf ört-
  licher Ebene persönlich hergestellt werden sollte…

Sachregister

Mitglieder der Redaktionsausschüsse

Dr. Martina Böhm, Leipzig[1]

Oberkirchenrat Dr. Norbert Dennerlein, Hannover (Geschäftsführer)[2]

Oberkirchenrat Dr. Klaus Grünwaldt, Hannover[2]

Dekan Volker Herbert, München

Ingeborg Kerssenfischer, Juristin und Leiterin des Frauenreferates, Kiel[2]

Christine Lässig, Chefredakteurin, Weimar[2]

Prof. Dr. Dietz Lange, Göttingen

Dekan a.D. Dr. Helmut Ruhwandl, München[2]

Kirchenrat Martin Scriba, Retgendorf[2]

Oberkirchenrat Dr. Lothar Stempin, Hannover (Geschäftsführer)[1]

Oberlandeskirchenrat i.R. Dr. Peter von Tiling, Isernhagen[1]

[1] Erster Redaktionsausschuss
[2] Zweiter Redaktionsausschuss